トランプ時代のアメリカを歩く

聖教新聞 外信部 編

第三文明社

はじめに

光澤昭義《みつざわあきよし》（聖教新聞 外信部記者、副部長）

米大統領選挙の投開票が行われた昨年十一月八日、私はニューヨークにいた。ヒラリー・クリントン候補が当選すると考え、民主党陣営の会場ジェイコブ・ジャビッツ・コンベンション・センターで、初の女性大統領誕生の報を待っていた。

大半のメディアは、民主党のクリントン候補が当選すると予想。私の取材した米国の学識者にも、ドナルド・トランプ共和党候補の当選を明言した人は誰一人いなかった。

八日の夕方、クリントン陣営の会場は熱気にあふれていた。場外には大勢のサポーターが集まっていた。時折、大きな歓声がわき起こる。誰もがクリントン氏の勝利を疑わなかった。

だが東海岸から順に開票が進むと、会場の雰囲気が次第に変化していく。「何かおかしい」。場内のプレスセンターでは記者たちに動揺が走る。接戦州のフロリダ、ノースカロライナ、日をまたぐと、民主党の地盤といわれるウィスコンシンでもトランプ候補が勝利。意気消沈した記者たちが続々と会場を後にしていった。

予想を覆《くつがえ》すトランプ大統領の誕生に呆然《ぼうぜん》とした。失意の中で米国を離れることになったが、帰国直後、松岡資《おさむ》・聖教新聞編集主幹がこう励ましてくれた。「世界史的な出来事のど真ん中にいたことは何にも代えがたい経験だ」——今も忘れられない一言である。

振り返れば、ジャーナリスト冥利《みょうり》に尽きる取材となった。

なぜ〝まさかの結果〟が起きたのか。トランプ氏が当選した時点では分からなかった真相、すなわち選挙キャンペーン期間に起きた〝トランプ現象〟の実態が次第に明らかになるにつれ、「南北戦争以来の深刻な分断の危機」に直面しているといわれる米国社会の現状が、半《なか》ば必然的に生み出したトランプ当選だったと得心《とくしん》がいった。

トランプ大統領の誕生を後押しした、中西・北東部のラストベルト（錆《さ》びついた工業地帯）を中心とするエスタブリッシュメント（既得権層《きとくけんそう》）への反発のうねりは、分断状況を如実《にょじつ》に物語る。

「中東・アフリカ各国からの入国禁止」「メキシコ国境の壁建設」など、トランプ大統領が打ち出した施策の数々は、大統領選挙で自分に投票した人々の意向に応えたものだ。それらはまた、彼を支持しなかった人々からの強い反発を呼び起こした。米国社会の亀裂《きれつ》はますます広がっている。

私の母校・慶應義塾大学湘南藤沢キャンパス（SFC）の教壇に立たれ、久しく指導していただいている米国研究の第一人者、渡辺靖教授は「現在の米国を理解するには中部や南部の諸都市を見なければならない」と常々指摘されていた。今回の大統領選挙の後、これまで日本で主に報道されてきたワシントンＤＣ、ニューヨークといった東海岸の大都市、またロサンゼルス、サンフランシスコなど西海岸とは別の〝もう一つの米国に住む人々の声〟が注目された。

今年五月下旬から、聖教新聞紙上で「トランプ時代のアメリカを歩く」を連載することになり、幸運にも私が取材を担当することになった。歴史的転換期にある米国社会をわが眼で確かめる機会を得たことは、大きな喜びであった。

メキシコ国境の都市エルパソ（南部テキサス州）、北部ウィスコンシン州のミルウォーキー、多くの移民が活躍するシリコンバレーにあるサンノゼ（西部カリフォルニア州）、首都ワシントンＤＣなど全米七都市を訪問。約二週間、駆《か》け足の日程で、米国を東西南北の端から端へと移動した。

短期の取材ながら〝激動する米国社会〟の現状を肌で感じ、米国の直面する課題に直《じか》に触れることで「百聞は一見にしかず」と納得した事柄は少なくない。

ミルウォーキーでは「景気対策と中絶問題がトランプ支持の決め手だった」と語る共和党支持の白人男性に出会った。エルパソでは、移民対策を強化しているトランプ大統領を「レイシスト（人種差別主義者）」と批判するメキシコ系移民が多かった……。

トランプ支持者、トランプ反対者の双方の言葉に共通していたのは、現状への強い不満や怒りが表れていたことだ。こうした市民感情が、米政治を動かす民意の底流に流れていることを認識することは不可欠だろう。それはまた、トランプ政権の今後の行方を占《うらな》うにも重要だ。

米国出張中の五月二十一日から新聞連載を開始し、毎週日曜付で掲載した。連載の最終回は、現代を代表する知性の一人である政治学者フランシス・フクヤマ博士（スタンフォード大学）のインタビューで締めくくった。

これら一連の連載と併せ、昨年来、追い続けた大統領選挙とトランプ大統領に関するインタビュー記事をまとめたのが本書である。

第一章には全五回の連載を収録。また「混乱を生んだ入国禁止令」「雇用政策への企業の対応」を補遺《ほい》として書き下ろした。

第二章には、米大統領選挙のリポート並びに学識者へのインタビューと、昨年末に聖教新聞紙上に掲載した、二〇一六年の欧米政治を振り返る「特派員対談」を収めた。外信部の同僚であり、昨夏に欧州を取材した樹下智《きのしたさとし》記者との語らいである。

第三章では、トランプ政権の誕生前後に焦点を当てた日本人識者へのインタビューを転載・再録する。

取材に応じていただいた方々に、この場を借りて深く御礼を申し上げたい。

この文章を書いている今も、ドイツのハンブルクで開かれたG20サミットで、米欧間の亀裂が報じられている。トランプ政権の動きに、世界は大きく揺れ続けている。

二〇一七年七月十日

［執筆・インタビュアー］光澤昭義　※第三章三のみ樹下智が担当
［装幀・本文レイアウト］㈲サンユウシステム　平柳豊彦・平柳直彦
［地図・図表作成］㈱クリエイティブメッセンジャー

トランプ時代のアメリカを歩く　目次

第二章　アメリカ大統領選挙をめぐって

一　カーリン・ボウマン　アメリカン・エンタープライズ政策研究所上級研究員
――二〇一六年の米大統領選挙を前に　68
二　特派員リポート「トランプ現象」で接戦を制す　78
三　ケント・カルダー　ジョンズ・ホプキンス大学ライシャワー東アジア研究所長
――アメリカ大統領選挙を分析する①　86
四　エイドリエン・ジェイミソン　米スタンフォード大学ワシントン校学長
――アメリカ大統領選挙を分析する②　96
五　特派員対談　激動の二〇一六年を振り返る　106

第三章　トランプ時代を読み解く

一　渡辺　靖　慶應義塾大学SFC教授
——トランプ時代のアメリカを読む　116
二　会田弘継　青山学院大学教授
——トランプ米大統領の就任演説を聞いて　126
三　宮城大蔵　上智大学教授
——日米関係を展望する　136
四　三浦瑠麗　国際政治学者
——「トランプ時代の新世界秩序」をめぐって　144

あとがきにかえて　聖教新聞外信部長・野山智章　153
解　題　慶應義塾大学SFC教授・渡辺　靖　160
資　料　トランプ大統領・略年表　175

©Seikyo Shimbun

トランプ時代のアメリカを歩く

第一章

ドナルド・トランプ第四十五代大統領の就任から四カ月たった二〇一七年五月。記者はアメリカ各地を取材し、トランプ時代の実情を探った。

【写真】米ニューメキシコ州とメキシコの国境に延々と続くフェンス

1 メキシコ国境の壁

南北戦争以来の深刻な社会の亀裂

ドナルド・トランプ大統領は就任以来、「米国第一」主義に基づくとする数々の大統領令を発し、社会に多大な影響を及ぼしてきた。

二〇一七年一月二十五日には選挙公約でもあった、メキシコとの国境に壁を建設する大統領令に署名し、論議を呼んだ。メキシコ国境の街を訪れ、現地の状況を取材した。

テキサス州エルパソの現状

五月十二日、テキサス州の最西端に位置する都市エルパソを訪ねた。人口は約六十八万人。メキシコとの国境に接する街だ。

住民の約七六％がヒスパニック（中南米系）またはラテン系とされ、スペイン語（メキシコの公用語）しか話せない人も少なくない。建物や街並みもメキシコの情緒《じょうちょ》が漂《ただよ》う。

車で約二十分も走ると、メキシコとの国境にたどり着く。車を降り、徒歩で民家が立ち並ぶ地域へ。小さな公園に入ると、そこに高さ五・五メートルのフェンスが立ち並んでいた。フェンスのすぐ向こうにはメキシコ。これほど近いのかと、正直驚いた。フェンスに沿うように、米西部コロラド州から流れるリオ・グランデ川が見える。

眼前にはメキシコの街シウダーフアレスが広がる。麻薬と犯罪がはびこる危険な地域として知られる。わずか一枚のフェンスで隔《へだ》てられただけの都市にもかかわらず、エルパソは米国内でも特に治安がいい街だ。

テキサス州に隣接するニューメキシコ州にも足を延ばした。真っ白な砂地に延びる道路を走ると、全く建物がない景色が広がる。ここでもフェンスが延々と続いていた。

エルパソの国境検問所を訪れると、人と車がたえず行き来していた。メキシコ側には歩いて渡ることもでき、米国に入る車道は特に混雑していた。

昨年の米大統領選挙で、トランプ氏が両国の国境沿いに「壁」を築くと公約し、大きな話題となった。メキシコからの不法移民が「麻薬や犯罪を持ち込む」というのがその理由だ。

エルパソには推定五万人の不法移民が暮らしてい

エルパソの公園に立つフェンス。すぐ向こう側にメキシコの街シウダーフアレスが広がる

る。米国では一般的に、不法移民を「証明書を持たない移民（Undocumented Immigrants）」と呼ぶ。その数は全米で一千百万人に上るという。

バラク・オバマ前政権までは、不法移民であっても悪質な犯罪のおそれがなく、きちんと税金を納《おさ》めていれば、就労・滞在が可能だった。だが、トランプ大統領は就任後まもなく、不法移民対策を強化する大統領令に署名。移民税関捜査局などの取り締まりを厳格化した。

ほぼ全ての不法移民が対象だが、幼少の頃、両親に連れられて入国した「ドリーマー」については保護措置がとられている結果、親子が引き離されてしまったケースもあるという。

証明書を持たない移民の声

当局の取り締まりは実際、どう厳しくなったのか。エルパソ市内の繁華街で街頭インタビューを試《こころ》みた。

明るくあいさつをすると、みな笑顔で返してくれる。だが、「トランプ大統領の移民政策について聞きたい」と言うと、一様に表情が曇《くも》る。あまり話したくないのだ。写真撮影も拒否。相当警戒している様子がうかがえた。自分や家族、知人・友人に関わることは話さない。「テレビで見た」「こんな話を聞いた」といった類《たぐ》いのものばかりだった。

彼らが共通して「トランプ大統領はレイシスト（人種差別主義者）だ」と批判していたことも印象的だった。

「証明書を持たない移民」である三十代男性のロペスさん（仮名）に話を聞くことができた。ロペスさんは、二〇〇四年にメキシコから米国に移住。〇八年からエルパソに住む。不法移民だけに安定した職業に就くことは難しく、これまで多くの仕事をこなしてきた。今は、スマートフォンのケース販売と、グラフィックデザインの制作で生計を立てている。

ロペスさんによれば、トランプ大統領の移民政策の影響については、エルパソでは大きな変化はないという。メキシコ系移民がマジョリティー（多数派）

のため、取り締まりへの不安はあるが、同時に安心感もあるからだ。

ただし、この状態は「今年九月以降は、確実に変わる」と。連邦政府の締め付けによって当局の取り締まりが強化されるからだ。移民たちは「証明書を持っているか」との尋問《じんもん》に身構えなければならない。

「不安はあるけれど、それに押しつぶされるわけにはいかない。証明書のない状態が違法なことも分かっているが、米国に長く住み、暮らしも安定した。ここを離れられない」とロペスさんは語る。

影響は名門大学の学生にも

トランプ政権の移民政策の影響は、国境付近だけでなく、全米に及んでいる。

エルパソを訪問する前々日の五月十日、全米の公立大学ランキングで長年、一位を誇るカリフォルニア大学バークレー校を訪れた。

サンフランシスコ近郊のキャンパスの様子は落ち着いていた。芝生《しばふ》の広場で寝転《ねころ》んで語り合ったり、フリスビー遊びに興《きょう》ずる学生の姿も見られた。一見、のどかな雰囲気だったが、取材を重ねるうち、移民政策で苦境に立たされる学生が少なくないことも分かってきた。

ペルー出身の留学生シルヴァナ・ヴァレさんは「不法移民の友人は、取り締まりへの不安から、とうとう心が病《や》んでしまった。メンタルヘルスケアに通っているの」と。同大学で数学を教えるマイケル・ウォンさんは「学生たちは、公的機関に提出する書類一つ一つにも、すごく気を使っている。悩み疲れている学生を何人も見ているよ」と語っていた。

ニカラグア出身のオスカー・メンドーサ・ルガマさんは、バークレー校を卒業後、大学内の図書館に勤務し、カリフォルニア市在住。「友人の家族が皆、不法移民だ。気の毒なことに、友人の両親は普段、なるだけ外出しないようにしているよ」

メキシコからの不法入国は今も跡《あと》を絶たないという。国境警備のずさんさを指摘する声もあるが、これだけ長い国境（約三千二百キロメートル）を全て管理することは不可能に思える。

メキシコには、不法入国の手引きをする犯罪グループも存在する。民家と民家をつなぐトンネルを掘り、入国する場合もある。仮に「壁」が建設されても「再び同じような方法で入ってくるだろう」と指摘する声もある。

現状は連邦議会の同意を得られず、予算の面で「壁」建設の目途《めど》がたっていない。大統領令が目論《もくろ》む新たな「壁」は〝分断の象徴〟であり、社会の亀《き》裂《れつ》は深まるばかりだ。

米国内の対立は、移民問題に限らない。富裕層への反発、黒人やヒスパニックらマイノリティー（少数派）と白人との対立……。

米国社会は今、「十九世紀の南北戦争以来の亀裂」に直面しているといわれる。

2 混乱を生んだ入国禁止令

基盤揺らぐ〝移民大国〟のアイデンティティー

トランプ大統領は一月の就任直後、中東・アフリカ七カ国からの入国を禁止する大統領令に署名。米社会に激しい反発の動きが生まれたが、その影響は、多くの移民が活躍するＩＴ業界にも及んだ。

現地では実際、何が起きているのか——。

米国経済を牽引《けんいん》するハイテク産業の拠点、米西部カリフォルニア州のシリコンバレーを取材した。

移民が支えたIT産業

五月九日午後、カリフォルニア州サンフランシスコの国際空港に降り立った。西海岸の玄関口の一つとあって、多くの利用客が行き交《か》っていたが、空港内の雰囲気は意外と静かだった。

だが、トランプ大統領が誕生した一月末、空港周辺は大混乱の渦中にあった。中東・アフリカ各国からの入国を禁止する大統領令に対し、大規模な抗議デモが発生したからだ。

近年、パリやロンドンなど欧州の各都市でテロが相次ぐ中、トランプ大統領は〝大統領令の目的は国家の安全保障だ〟と主張。一方で、大統領令に反対する立場の人々は〝イスラム教への差別に根ざすものであり、「信教の自由」などを保障する憲法に違反する〟と批判した。

トランプ大統領は三月六日、対象国からイラクを除いた大統領令の修正版に署名。その結果、イラン、リビア、スーダン、ソマリア、シリア、イエメン六カ国からの入国を九十日間禁止するという内容となった（難民受け入れの百二十日間禁止も含まれる）。その後、各州の下級裁判所は大統領令の停止を命ずる仮処分を決定したが、米連邦最高裁判所は六月二十六日、十月までに最終判断を下すという条件付きで、部分的な執行を認める判断を下した。

最高裁の判断は「米国内の人物や団体と真正の関係があると、正当に主張できる外国人には執行できない」とした。すなわち「米国にいる家族と暮らしたい、あるいは家族に会いたい外国人」「米国の大学の学生」「米国企業の従業員」などには適用されないということだ。

トランプ大統領は、最高裁の判断を受けて声明を発表。「米国の国家安全保障にとって明確な勝利」とした上で、「大統領として、国民に危害を及ぼそうとする人物を入国させるわけにはいかない」と述べた。

五月九日の夕方、ハイテク産業が集結するシリコンバレーを訪問した。

ＩＴ産業の発展は移民の貢献によるところが大きいといわれる。

端的《たんてき》な例は、米国が世界に誇るアップル社の創業者、故スティーブ・ジョブズ氏だ。彼の実父はシリア移民だった。グーグルはじめ名だたるＩＴ企業のＣＥＯ（最高経営責任者）も移民が多い。

大統領令は、シリコンバレーを支える移民たちに、どのような影響を及ぼしているのだろうか。

日系大手電機メーカー米国支社の研究所に勤務する、現地採用の日本人男性に話を聞いた。

彼の会社では、バラク・オバマ政権が二〇〇九年から始めた次世代通信網「スマートグリッド」の整備事業に合わせ、優秀なイラン人技術者を多数雇用した。だが「今回の大統領令を受け、自国にいる家族と会えなくなったり、米国から出た後に再入国できなかったりと、中東出身の同僚の多くが困難な状況に追い込まれています」。

なかには「米国の大学で博士号を取得し、グリーンカード（永住権）を申請中だった研究者が職場を辞め、国外に転職した」というケースも……。

企業の採用要件も厳しくなった。永住権を取得していないことで、面接に受からない人が増えているという。Ｈ１Ｂビザ（専門性の高い外国人労働者に発給する一時就労査証）の取得条件に関しても、より厳しくする方向で、大統領は動いている。

二十二日、ハーバード大学やマサチューセッツ工科大学を擁《よう》する街・ボストンを訪れたが、ここでも、学生や研究者が大統領の移民政策に不安を覚えている。ボストン大学のトーマス・バーガー教授（政治学）は「ＩＴ業界は、世界中から集《つど》う優秀なエンジニア、コンピューター科学者を必要としています。彼らが米国に来なくなれば、シリコンバレーは多大な損害を被《こうむ》ることになる」と指摘する。

問われる民主主義の力

今後も、米国の移民には予断を許さない状況が続くだろう。

トランプ大統領の政策は移民の仕事や生活を脅《おびや》かしている。米国の各都市を訪ね、中南米系、アジア系など多くの人々に取材を重ねる中、〝大統領令が市民生活に及ぼす影響は想像以上に大きい〟と、あらためて感じた。現状、中東系に限らず、米国内での移民への風圧は強い。移民大国のアイデンティティー（自己同一性）をもつ米国とは思えない状況が広がっている。

しかも、移民が治安を悪化させているとの風評が強まったことで、「アメリカの社会政策を貧しいものとし、それが一般のアメリカ国民のセイフティ・ネットを損《そこ》なっている」（西山隆行著『移民大国アメリカ』ちくま新書）。

当然、解決への方途を容易には見いだし難い。

「二〇一五年、ドイツのアンゲラ・メルケル首相が中東から押し寄せる移民や難民に対して寛容な態度を示したが、それはドイツ国内で強い反動を呼ぶ結果となった。その一方、ボーダーレスな現代世界においては、国境を閉ざし、移民・難民の流入を食い止めることもできない」とバーガー教授は語る。

米国にとって移民大国であることは自国の強みだが、それが今、深刻な問題となっている。立法、司法も含む米国のもつ民主主義の力が問われる。

3 ラストベルトの支持者

期待といら立ちを表す置き去りにされた人々

トランプ大統領が誕生する原動力となったのは、主に米中西・北東部のラストベルト（錆《さ》びついた工業地帯）に暮らす白人労働者の投票行動だった。ラストベルトの一部ウィスコンシン州は、もともと米民主党の安定地盤だったが、昨年十一月の大統領選挙では、まさかの逆転劇が。

トランプ大統領の誕生から四カ月――。政権の現状を支持者はどう見ているのか。同州最大の都市ミルウォーキーで取材した。

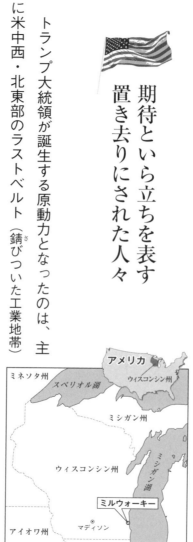

米国の象徴ハーレーダビッドソン本社へ

今年二月二日、ホワイトハウスの中庭に大型バイク五台が並んだ。全て米大手メーカーであるハーレーダビッドソン製だ。その前で終始、上機嫌な表情を浮かべていたトランプ大統領――。

昨年の大統領選挙で、米国内の雇用増加を公約に掲げたトランプ大統領は、この日、同社の幹部らと会合を開催。国内の工場で生産し続ける経営方針を称賛しつつ、「ハーレーダビッドソンは米国の象徴だ」と強調した。

一九〇三年、中西部の最北に位置するウィスコンシン州ミルウォーキーで設立されたハーレーダビッドソン社。今も創業の地に本社拠点がある。〝ハーレーにしかないエンジンの鼓動感《こどうかん》とデザイン〟の魅力で、世界的なブランドとして愛され続けてきた。

近年、米国では若者のバイク離れのため業績が振るわないというが、中高年層には根強い人気を誇る。日本でも販売好調で、輸入車での市場占有率は高い。

五月十五日、記者はミルウォーキーのハーレーダビッドソン本社を訪問した。

多くの大型バイクが本社の建物を囲むかのように駐輪していた。どれも個人所有だろうか。街中では大通りを走るバイクに出あうことが多く、宿泊したホテルのロビーにも古いハーレーが展示されていた。ミルウォーキーは〝バイクの街〟であると、つくづく感じた。

トランプ大統領は就任直後、「TPP（環太平洋経済連携《れんけい》協定）離脱」の大統領令に署名した。これによって同社は、アジア市場への輸出拡大のチャンスを逃すことになるだろう。

そうした中、大統領と同社幹部が会合をもったこ

2月2日、トランプ大統領（左から2人目）はハーレーダビッドソン社の幹部をホワイトハウスで歓迎（EPA＝時事）

とには違和感を覚えるが、歴代の大統領は同社への訪問を重ねてきたという。近年では、ロナルド・レーガン大統領、ビル・クリントン大統領らが名を連《つら》ねる。

ホワイトハウスでの会見について、広報担当のケイティ・ウィットモア氏と話した。十分な時間が取れないとのことで、詳細はメール取材に。回答メールには、こう綴《つづ》られていた。

「ハーレーダビッドソン社の歴史は百十四年に及びます。その間、多くの米政権と共に歩んできたことを誇りにしています。米国の製造業の将来に向けて、わが社の見解を示すために、トランプ大統領との会合をもてたことを歓迎します」

景気対策が投票の決め手に

ウィスコンシン州、オハイオ州、ペンシルベニア州など米中西・北東部地域は、かつて鉄鋼・石炭・自動車産業で繁栄《はんえい》を謳歌《おうか》したが、一九八〇年代以降はグローバル経済から取り残され斜陽化《しゃようか》。そのあおりを受けた労働者の多くは白人だった。失業率が上昇し、中間階層が没落《ぼつらく》した。

大統領選挙で、トランプ候補は「雇用を増やし、白人労働者を救う」と明言。その政策は主に、こうした「置き去りにされた人々」に向けられている。大型の公共投資、不法移民対策といった諸政策への、ラストベルトでの支持は強い。

その一方で、トランプ政権は発足以来、政治スキャンダルが続き、決して順調な滑《すべ》り出《だ》しとはいえない。選挙公約の多くも実現の目途がたたない。こうした状況に対し、トランプ支持者は、どんな思いを抱《いだ》いているのだろうか。

十五日午後、市内の大型ショッピングセンターで、インタビューを試みた。トランプに一票を投じた共和党支持者の白人中年男性は、建築会社に勤務し、景気対策が投票の決め手だったという。「大型建設が進む景気のいい地域もあるけれど、ミルウォーキー周辺の経済状況は今も悪くなっている。失業した友人も少なくない。大統領に失望する人もいるだろうが、期待する以外にない」と。傍《かたわ》らにいた配偶者もうなずいていた。

年配の白人女性キム・ポラムバさんもトランプに投票した一人。彼女はもともと支持政党をもたない中道派だ。テクノロジー系の会社に勤務していたが、「早期退職になってしまった。これまでの政府は雇用の改善に向けて何もできなかった。だから、ビジネスマンのトランプに投票したわ」と。

ハーレーダビッドソン本社前では、社員のジョーダン・フランクリン氏に取材できた。彼も、特定の政党に与《くみ》しないスタンスだ。二〇〇八年の大統領選挙では民主党候補に投票した。トランプ政権には懐疑的《かいぎてき》だが、製造業の雇用回復は「全面的に支持する」。「製造業と中間階層の人々を守るために北米自由貿易協定（ＮＡＦＴＡ）を見直すべきだ」とも主張していた。

インタビューしたトランプ支持者の口ぶりからは、怒りやいら立ちが伝わってきた。期待と失望は表裏一体に映る。

中間層の危機と排除の思想

ラストベルトの貧困生活を如実《にょじつ》に描いた書籍『ヒルビリー・エレジー』が昨年六月に発刊され、ベストセラーとなった（日本語版は光文社から二〇一七年刊。関根光宏・山田文訳）。ヒルビリーとは「田舎者」の俗語《ぞくご》。書名は「田舎者の哀《あい》歌《か》」との意味だ。

オハイオ州の〝さびれた町〟で生まれ育った、三十二歳の著者J・D・ヴァンス氏の回想録だが、ラストベルトの人々を理解する上で必読書といわれる。作者のヴァンス氏自身は、幸運な出あいから人生を大きく転換させ、名門イエール大学法科大学院を卒業し、現在は投資会社を経営している。だが、ラストベルトの大半の人々は貧困から抜け出せない。産業の衰退は彼らの暮らしをがらりと変えてしまったが、貧困の原因は彼ら自身にもあるようだ。「職さえあれば、他の状況も好転する」と政府や社会に責任を帰し、困難な現実から逃避しがちという。

ただし、ヴァンス氏は〝私がラストベルトから抜け出せたのは、特別な人間だからではない。彼らと同じ人生を歩んでいてもおかしくなかった〟とも記す。ラストベルトの貧困は、社会・文化的な背景も強く影響しているのだろう。

今や、中間階層の危機は先進国共通の課題といわれる。それは、さらなる社会の分断を助長する要因ともなる。

米国の思想史に詳しい青山学院大学の会田弘継教授は「残念なのは、中間階層の人々が苦境に立たされると、国内に〝敵〟を探す傾向があることです。どうしても『排除《はいじょ》の思想』が出てきてしまう」と憂慮《ゆうりょ》する（本書第三章二参照）。

トランプ大統領の政策は「ポピュリズム（大衆迎合主義）だ」と批判されるが、ポピュリズムを生む背景には、さまざまな様相が重なり合っている。

4 ホワイトハウスVSメディア

危うい事実軽視の風潮
報道への信頼低下が顕著

米国の政界では大統領就任日から百日間は「ハネムーン期間」とされ、新政権の政策や言動に対して、メディアが〝お手並み拝見〟と、手厳しい批判を控《ひか》える〝慣行〟がある。しかし、トランプ政権とメディアは政権発足時から激しく対立。異例と言える「ホワイトハウスVSメディア」関係について、現場の記者やメディア専門家はどう見ているのか——。首都ワシントンDCで取材した。

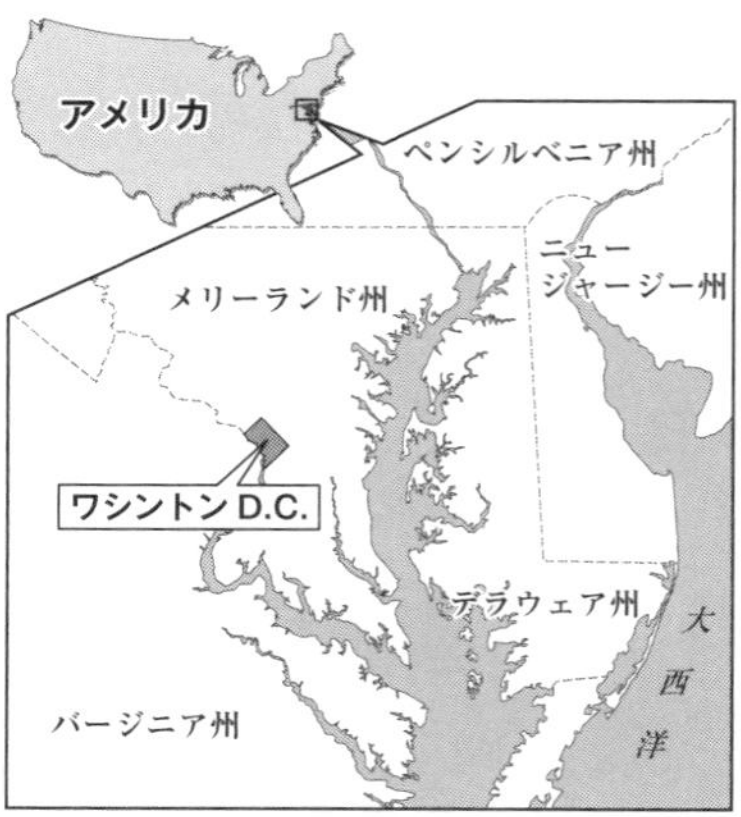

蜜月《ハネムーン》期間なき異常事態

四月二十九日夜、ホワイトハウス記者会主催の夕食会がワシントンＤＣで催《もよお》された。会場に集ったメディア関係者や著名人の数は二千六百人超。例年ならば、現職大統領がスピーチを行うが、夕食会場にトランプ大統領の姿はなかった。

同時刻、トランプ大統領は、北東部ペンシルベニア州ハリスバーグの集会に出席し、大勢の支持者の前で演説していた。自身が欠席した夕食会について「ずいぶん退屈なディナーになっているだろう」と嘲弄《ちょうろう》する一こまも。トランプ大統領は政権に批判的なメディアの報道を、しばしば「フェイク（偽）ニュース」と批判し、記者たちを「非常に不誠実な人々だ」と切り捨ててきた。

大統領が出席しなかった記者会主催の夕食会は、一九八一年のロナルド・レーガン第四十代大統領以来。ただし、この時は直前に銃撃を受けたことが理由であり、レーガン大統領は、電話メッセージを寄せている。その意味で、トランプ大統領の欠席は異例中の異例だ。

トランプ政権のショーン・スパイサー報道官（※七月二十一日に辞任）は、記者会見の大幅な改革を推進している。例えば、質問は主要メディアを最初に指名する習《なら》わしだったが、保守系メディアから指名するようになった。都合の悪い質問には答えず、途中で打ち切ることも……。

こうした政権の手法を、現場の記者は、どう見ているのか。

五月十六日夜、ワシントンＤＣで、米国の高級紙クリスチャン・サイエンス・モニターのリンダ・フェルドマン記者に実情を聞くことができた。

フェルドマン記者は、二〇〇二年からホワイトハウスを担当。ジョージ・Ｗ・ブッシュ第四十三代大統領、バラク・オバマ第四十四代大統領の両政権も取材してきた。

「ブッシュ時代もオバマ時代もホワイトハウスと記者との間には常に緊張感がありました。政権をチェックするのがメディアの役割ですから……。緊張関係は米国の言論の自由の象徴であり、民主主義への敬意を表すものです」

だが、トランプ政権になり、記者会見場は騒然とした状況にあり、まるでテレビの視聴者参加番組のようだという。

「トランプ大統領は主要メディアと確かに対立していますが、本音では注目されることを好みます。実際、大統領はインタビューに数多く応じ、メディアを利用している面もあります」

見たいものしか見ない

今年一月二十日の大統領就任式への参加者数をめぐり、ニューヨーク・タイムズ紙はじめメディア各社が「オバマ前大統領が就任した八年前と比べて減少」と報道。それに対し、スパイサー報道官は「過去最高だ」と反論した。写真を見比べると多寡《たか》は一目瞭然《いちもくりょうぜん》。「なぜ報道官に嘘《うそ》を言わせたのか」との追及に、ケリーアン・コンウェイ大統領顧問は「オルタナティブ・ファクト（もう一つの事実）だ」と主張した。

二〇〇九年まで二十年間、CNNの政治解説者を務めたジョージ・メイソン大学のビル・シュナイダー教授は「情報操作だ」と政権側を一蹴《いっしゅう》する（五月十七日、ワシントンDCで）。

「それでも強力なトランプ支持者は政権側につく。主要メディアをエスタブリッシュメント（既成の体制派）と見なしているため、信用しないのです」

五月十五日、ラストベルト（錆びついた工業地帯）のウィスコンシン州ミルウォーキーでトランプ支持者にインタビューした際も、テレビや新聞などの主要メディアを強く批判する声が多かった。

「反エスタブリッシュメントのポピュリズム（大衆迎合主義）が国民に浸透している結果です」と教授は分析する。

近年、市民のメディアへの信頼低下が顕著《けんちょ》になっている。米ギャラップ社の世論調査（二〇一六年九月）によれば、「メディアの報道を信頼している」と答えた割合は三二％。過去最低を記録した。

それには、ネットメディアの急速な発展も大きく影響しているという。

ネット上では、過去の検索履歴《けんさくりれき》に応じ、ユーザーは好みに最適化された情報を入手する。こうした「フィルター機能」が働く結果、リベラル派はリベラルな記事ばかりを読み、保守派は保守的な記事のみに接するようになった。「既に信じていることを再確認するために、ソーシャルメディアを使う人が多い」（シュナイダー教授）。見たいものしか見ない傾向は一段と強まっている。

抑制と均衡《チェック&バランス》のシステム

記者が米国に到着した五月九日、トランプ大統領は連邦捜査局（ＦＢＩ）のジェームズ・コミー長官を解任。新聞・テレビの報道も〝解任問題〟一色に染まった。

大統領選挙へのロシアの介入が疑われる中、トランプ大統領自身の疑惑も浮上。リチャード・ニクソン第三十七代大統領が辞任に追い込まれた「ウォーターゲート事件」になぞらえ、「ロシアゲート疑惑」と報ずるメディアもある。

四十五年前のウォーターゲート事件は、全米を揺るがした一大政治スキャンダルだ。民主党本部で起きた盗聴《とうちょう》侵入事件にニクソン政権が深く関与していることを暴《あば》いたのは、ワシントン・ポスト紙の報道であり、事件を調査したのは二人の若い記者、カール・バーンスタインとボブ・ウッドワードだった。

後に二人の手記『大統領の陰謀』はベストセラーに。映画化もされヒット作となった。

この映画のクライマックスでは、ワシントン・ポスト紙のベンジャミン・ブラッドリー編集主幹が、記者二人に語り掛ける。

「守るべきは合衆国憲法の修正第一条・報道の自由、

4月29日、合衆国憲法の修正第1条を祝うホワイトハウス記者会主催の夕食会。かつてウォーターゲート事件を取材したバーンスタイン氏（中）とウッドワード氏（左）が出席した（ロイター／アフロ）

この国の未来だ」

〈修正第一条は「信教・言論・出版・集会の自由、請願権」を保障する〉

言うまでもなく、米国大統領の権限は絶大だ。その一方で、米国は厳格なまでに司法・立法・行政の三権分立を守る。三権相互の抑制《よくせい》と均衡《きんこう》（チェック&バランス）で権力を制限するとともに、メディアの監視機能も重視しているのだ。

現在、トランプ大統領は、自身のツイッターがメディア各社を上回るフォロワー（読者）を獲得していることから、それを頼みとして事実に反する主張を展開することも多々ある。

シュナイダー教授は「合衆国憲法は権力の濫用《らんよう》を防ぐようにつくられているが、それには、国民が常に強い危機意識をもつことが求められます」と警鐘を鳴らす。また、フェルドマン記者は「膨大《ぼうだい》なフェイク情報が流れる時代だからこそ、ファクト（事実）を重視する報道の役割はいやまして重要です」と語っていた。

5 ウォール街で続くラリーの興奮

金融界、企業に優遇的な政策公約が期待感あおる

米大統領選挙でトランプ氏が予想外の当選を果たし〝トランプショック〟が世界の金融市場を駆けめぐった。しかし、国民融和を訴えた勝利宣言が市場の安心感となり、やがて相場は「トランプラリー（高騰《こうとう》）」に。ダウ平均株価は、一月に史上初の二万ドルを突破。当選から七カ月経った取材時も株価上昇は継続していた。トランプラリーが続く背景とは何か。ウォール街を擁するニューヨークで取材した。

対立が一転し関係改善

選挙期間中、トランプ氏はウォール街を激しく批判していた。

貧富の格差が広がり、莫大《ばくだい》な富を独占する金融業界への批判が高まる中、白人の中低所得層から高い支持を得ていたトランプ氏は「ウォール街の好き勝手にはさせない。ウォール街は我々にとてつもない問題をもたらした」と訴え続け、高額所得者への重課税も明言。ウォール街を〝貪欲《どんよく》な犯罪者〟のように呼んだこともあった。

一方、ウォール街も反トランプの立場に。経済誌ブルームバーグは昨年五月、「ウォール街では今年の大統領選で民主党のヒラリー・クリントンが勝利するとの期待が強い」と報道。ウォール街の金融各社は、クリントン候補に巨額の選挙資金を提供した。

トランプ氏とウォール街の金融各社との関係は、トランプ氏が不動産業で一時、経営不振に陥《おちい》った二〇〇〇年代から悪化していたという。

トランプ氏の当選でウォール街に不安が広がったが、それは閣僚人事で払拭《ふっしょく》される。経済政策の司令塔である国家経済会議委員長に金融大手ゴールドマン・サックスのゲーリー・コーン社長兼最高執行責任者を起用。財務長官にゴールドマン・サックス出身のスティーブン・ムニューチン氏、商務長官には著名な投資家ウィルバー・ロス氏を指名した。

巷《ちまた》では「ゴールドマン・サックス、ガジリオネア（大富豪）、ジェネラル（将軍）」の頭文字をとり、「3G」政権と揶揄《やゆ》されるほどだ。ウォール街はトランプ政権への期待に転じた。

金融市場の活況《かっきょう》が続く背景には、いかなる〝トランプ要因〟があるのか。五月十八日、ニューヨークの金融関係者に取材した。

好調な米経済が背景に

米国野村證券の上級エコノミストである雨宮愛知《あめみやあいち》氏は「一般的に、トランプ氏の公約は企業フレンドリー（優遇的）と見られています」と語る。

「金融規制の緩和《かんわ》政策、インフラ（社会基盤）投資の拡大、減税への期待感が市場心理に影響しているといえます」

トランプ氏の当選以来、ダウ工業株三十種の平均株価、ナスダック（世界最大の新興企業向け株式市場）の総合指数、S&P総合500種（米国の証券取引所に上場された代表的な五百銘柄で構成される株価指数）は、いずれも過去最高値を更新した。

トランプ大統領は就任直後、「TPP（環太平洋経済連携協定）離脱」「中東・アフリカ各国からの入国禁止令」の大統領令に署名。これによって、米国の株式市場では株価が一時的に急落する動きも見られたが、上昇傾向は継続している。

だが、トランプ政権への期待感だけで市場の活況が続くのだろうか。そうした疑問も湧《わ》く。

トランプラリーの要因には、米国経済のファンダメンタルズ（基礎力）が強

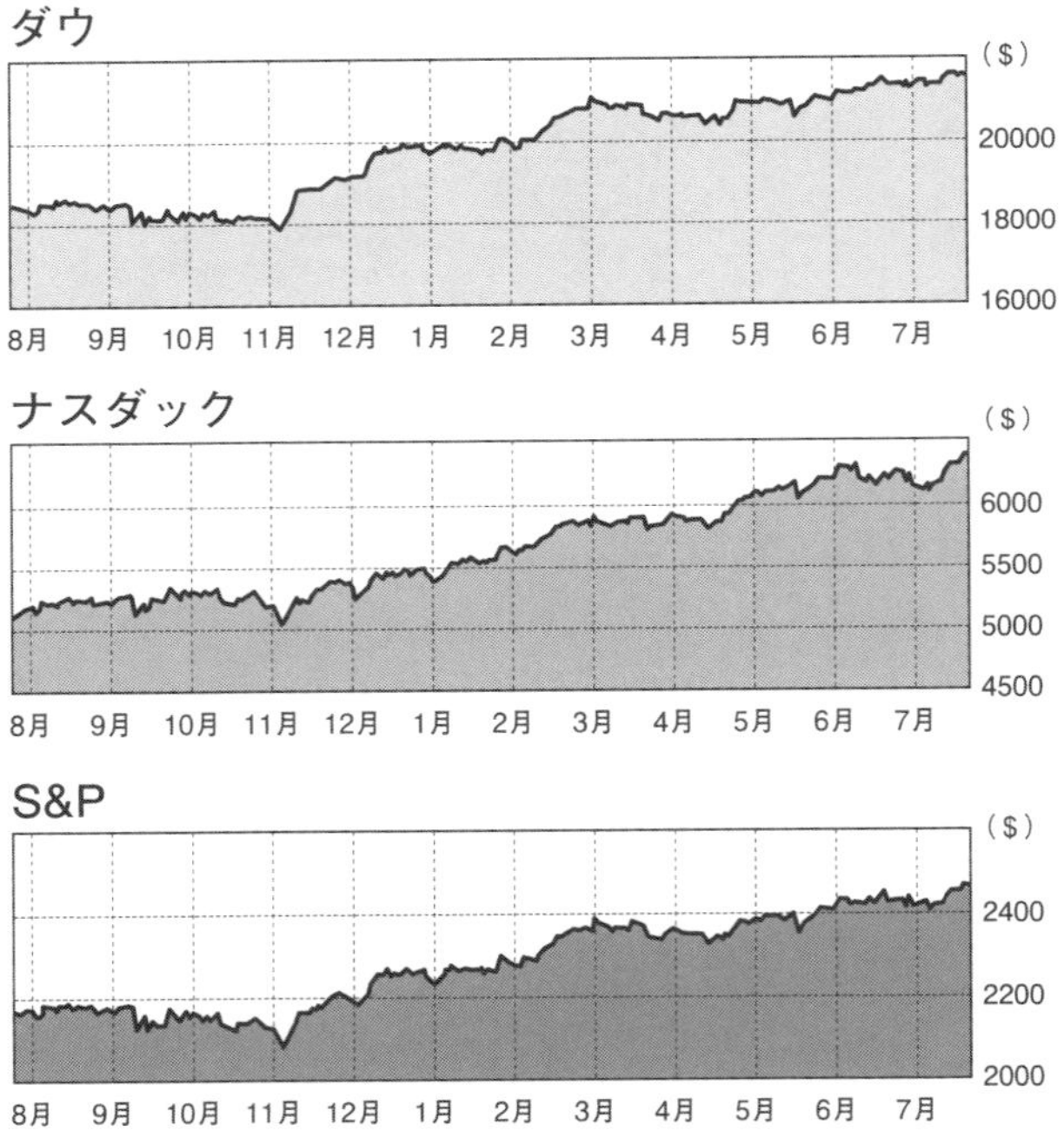

2016 年 8 月から 1 年間の株価指数の推移。上からダウ平均株価、ナスダック総合、S&P 総合 500 種。11 月の米大統領選以降、上昇しているのが分かる（「ウォールストリート・ジャーナル電子版」をもとに作成）

い点を挙げる識者は少なくない。

米大手銀行ウェルズ・ファーゴの上級アナリスト（市場分析担当）、クリストファー・ハーベイ氏は「多くの人々が考える以上に〝市場の機能〟は安定しており、それが株価の上昇（機運）に影響している」と指摘する。

ハーベイ氏によれば、インフラ投資や金融規制緩和の影響で各産業や金融業界は急拡大している。だが今年、トランプ大統領の貿易政策に勢いが失われると、そうした業界グループの株価が軒並《のきな》み下落することも考えられるという。

また、ハーベイ氏は、五月のフランス大統領選挙の後、国際情勢は「地政学的にも安定しており、企業の増益と地政学的リスクの低下が市場活況の要因になっています」と分析する。

雨宮氏は「昨年初めに中国の上海市場、半《なか》ばにはブレグジット（英国の欧州連合離脱の決定）で世界的に市場が揺れましたが、秋口には回復していました」と。

好調な経済、金融市場の安定は、トランプ政権の追い風になっているようだ。五月十九日午後、ウォール街を歩いてみると、大勢の観光客が行き交っていた。ニューヨーク証券取引所の写真を撮る人々。そのすぐ近くには、トランプビルがそびえる。にぎわうウォール街の様子が米国の金融市場の活況と重なった。

政治混乱のリスク警戒

政治スキャンダルが絶えないトランプ政権。大統領自身が〝市場リスク（危険要因）〟になることが懸念される。政権がさらに不安定化すれば、議会共和党の政権離れが加速することもささやかれる。公約の税制改革だけを見ても、景気刺激策を重視するトランプ大統領に対し、上下両院を押さえる議会共和党は税制の抜本改革に乗り出したい意向だ。

伊藤忠インターナショナルの前ワシントントン事務所長・三輪《みわ》裕範《やすのり》氏は「トラ

ンプリスクは株式市場に影響しかねませんが、今は、コーン委員長やムニューチン財務長官らが経済政策の舵《かじ》を握っています。このことがウォール街に安心感を与えている面もあるのでしょう」と指摘する。

市場関係者はトランプ大統領について〝買いなのか、売りなのか〟――。

ハーベイ氏は「今はじっと（市場の動きを）見定めているという段階です。トランプ政権の経済政策は始まったばかりです。具体化するにつれ、投資的な視点に組み込まれることになるでしょう」とコメント。

雨宮氏は「来年秋の中間選挙を考慮すると、議会共和党は比較的短期間で結果を求められます。共和党執行部がトランプ政権との協力関係を保ちながら、党内の意見を集約し大胆な政策を実現できるかに市場関係者は注目しています」と。

政権のスキャンダルにも注意深く対応するのが市場関係者の心得《こころえ》だろう。トランプリスクの行方が注目される。

6 雇用政策への企業の対応

米国経済を優先する政権公約の影響

トランプ米政権が国内企業に対し、工場の海外移転中止を迫る中、トヨタ自動車は二〇一七年七月、米国の本社機能を、西部カリフォルニア州トーランスから南部テキサス州のプレイノに移転した。トヨタに限らず、テキサス州には近年、企業の拠点進出が相次いでいる。そうした動きが生まれた背景や現地の事情を探るため、プレイノを訪ねた。

トヨタ自動車の決断

トランプ氏は二〇一六年の大統領選挙で米国内の生産と雇用の拡大を公約の一つに掲げ、海外への工場移転を計画中の企業に厳しい批判を加えてきた。大統領就任前の一七年一月、トヨタ自動車のメキシコ工場移転の計画についても、自身のツイッターで「あり得ない。米国内に工場を作らないならば高い関税を払え」と批判し、撤回《てっかい》を強く求めた。その後のトヨタ幹部との会談でも、米国内に工場を建設するよう厳しく詰め寄る様子が、日本のメディアでよく報じられた。

七月六日、トヨタはテキサス州ダラス近郊のプレイノに、新本社をオープンした。今年で米国進出六十年を迎えるトヨタ。これまで全米三カ所に分散していた生産や販売、金融などの部門を新本社に集約させる「ワン・トヨタ」事業の推進によって、意思決定の迅速化《じんそくか》を図《はか》るのが狙《ねら》いだという。

新本社には四千人超が勤務する。新たに一千人以上を現地で採用、地域経済への貢献も大きいといわれる。

約十億ドル（約千百億円）をかけた今回の本社移転が〝米国への深い関与を示している〟と、トランプ政権に説明を重ねてきた。移転の決定は一四年だったが、トランプ大統領は、新本社の開所式にコメントを寄せ、「トヨタの行動を誇りに思う。米国事業の成長を支えるのが楽しみだ」と称賛した。

多くの企業がテキサス州へ

トヨタの本社移転を間近に控えた五月十三日、プレイノを訪問した。美しく、穏《おだ》やかな街並みという印象を受けた。緑も豊かだ。

トヨタの本社移転が決定して以降、わずか二年のうちに、プレイノの雰囲気は大きく変わったという。トヨタ関連企業の進出も見込まれることから、日本国内で全国展開する百円ショップや寿司チェーン店が新店舗をオープン。日本人医師のいる病院、日本式の美容室も開業している。

四月に開店した日本の食料品を扱うスーパーマーケットに行くと、店内の陳列棚《ちんれつだな》には日本でなじみのある商品がぎっしり。多くの買い物客でにぎわっていた。

「日本人にとって、とても住みやすい環境になり、安心感も高まっています」と、現地在住十七年の日本人女性ヨシコ・ナイガードさんは語る。

「プレイノの居住区域では戸建《こだ》てやマンションの建設が今も進んでいます。公立学校の評判も高い。今後も、住民人口は増え続けると予想されています。ダラスの市街地と対照的です」と。

近年、電機メーカー（デジタル関連）や農業機械大手など日系企業のテキサス州への拠点移転の動きが相次いでいる。

大和《だいわ》ハウス工業など住宅総合メーカーも同州で新事業を展開。日本企業の投資も活発化していることから、日本貿易振興機構（ジェトロ）は同州のヒューストン事務所に加えて、ダラスに新たな拠点を設けた。

ダラス―ヒューストン間に日本の新幹線を走らせる計画も大きな話題だ。

日本企業だけではなく、米国の金融大手のＪＰモルガン・チェース、物流大手フェデックスなど米国企業の本社機能のテキサス州への移転も注目されているというから驚く。

なぜ、多くの企業拠点がテキサス州に集まってくるのか。

十三日午後、ダラスを拠点とする米国公認会計士で、地元の商工部会と交流を深める古河真紀《ふるかわまき》氏に取材した。

古河氏によると、テキサス州の主要都市が、カリフォルニア州の各都市やニューヨークに比べ、①物価が安い②労働組合が強くない③住民・法人に州所得税が課されない――など、メリットが大きいという。

プレイノの住民には、企業の進出を歓迎する声が多いという。歩いていても確かに、街や人、経済に活力を感じる。昨年の米大統領選挙では、斜陽産業が集中する中西・北東部のラストベルト（錆びついた工業地帯）に大きな注目が集まったが、テキサス州のダラス近郊は、それとは対照的だ。

経済状況が変われば、企業の拠点機能の役割も変化する。拠点の移転も事業の効率化を追求した結果だが、こうした動きは今や、ジョージア州やアラバマ州などを含む南部地域全体に広がっているという。

生産・雇用の増加を目指すトランプ政権の政策は、今後の米国経済に、どのような影響を及ぼすのだろうか。

古河氏は「米国内で雇用し、製造するという産業構造は、現在の米国経済にそぐわないといわれます。トランプ大統領の経済政策は、国外から生産（部品を輸入する自動車大手のジェネラル・モーターズやフォード、輸入品を販売するスーパー・マーケット・チェーンのウォルマートなど米国企業にとって、逆に大きな打撃となる可能性があります」と分析する。

トランプ政権の今後を占《うらな》う上で、米経済の行方は重要な鍵《かぎ》を握る。

テキサス州をはじめ南部経済の動向が米経済にもたらす効果については、まだ分からないが、ラストベルト対策ばかりに目が向けば、現実の経済の動きを見落とすことになるかもしれない。

7 フランシス・フクヤマ博士に聞く

大衆迎合型リーダーへの懸念
「法の支配」疎《おろそ》かにする恐れ

現代を代表する知性の一人、フランシス・フクヤマ博士。冷戦終結間際《まぎわ》の一九八九年に発表した論文「歴史の終わり」は〝社会制度の最終形態〟としての自由民主主義が共産主義に勝利したことを宣言し、世界の論壇を席捲《せっけん》した。民主主義への深く鋭い洞察《どうさつ》を数々の著作で披瀝《ひれき》するフクヤマ博士は、ドナルド・トランプ大統領の誕生と米国の政治・社会の現状について、どう見ているのか――。

経済の国際化に不満

――第二次世界大戦後、国際秩序の中心的役割を担ってきた米国の影響力が低下する中、「トランプ時代」が始まりました。

フクヤマ　私たちは第二次大戦後から二〇〇八年頃までの長い期間、自由な世界秩序を経験してきました。WTO（世界貿易機関）などグローバルな経済システムが次々と導入され、世界経済は大きく拡大。（途上国の人々はじめ）多くが裕福になりましたが、近年、強い反動が先進国で生じています。

例えば、製造業の衰退に伴《ともな》い中間階層の多くの人々が失業。移民人口の多い米国や欧州各国では、さまざまな文化的変容も起きました。米国では特に白人中間層の没落が深刻となり、反グローバリズムの風潮が広がっています。

一九三〇年代のように、激しい対立を生むナショナリズム（国家主義）へ逆戻りするのか。あるいは、国際的な相互依存体制を維持していくのか、注意深く見守る必要があります。

――米社会の分断には、グローバリゼーションの影響が大きな要因の一つと博士は論じられています。

フクヤマ　現代は、人、モノ、情報、貿易や投資が自由に行き来する時代です。その発展があまりに速く、多くの人々が対応できていないのが実情です。この流れに歯止めをかけようとする動きが世界各地で広がり、貧富の格差がその動きを加速させました。これは欧米先進国共通の課題です。

日和見《ひよりみ》主義な政治家が多い中、急速な格差拡大と文化の変容が人々に恐怖を抱かせた。その結果、移民やエリートに（社会問題の）責任を押しつけ、変化を恐れる人々の弱みにつけ込もうとするリーダーが誕生しているのです。これは人間の本質とも関わる問題です。

問題視される利益相反

――ポピュリズム（大衆迎合主義）の危険が増しているのですね。

フクヤマ　そうです。そこがトランプ大統領に強い危惧《きぐ》を感じる点です。例えば、米国の犯罪とテロに関する統計を見ると、犯罪、テロともに一九九〇年代以降、かなり下がっている。今日《こんにち》、テロで命を落とした人の数はごく一部だと分かります。しかしトランプ大統領は「犯罪が非常に増えている」「これまで以上にテロを受けている」と不安をあおっています。事実と異なる情報を真実と思い込ませ、人々の恐怖や情念を利用するポピュリストといえます。

――歴史的には、トランプ政権はどう位置づけられると考えますか。

フクヤマ　まだ何とも言えませんが、多くの人が抱く恐怖は、トランプ大統領が「法の支配」を疎《おろそ》かにすることではないでしょうか。カリスマ的な指導者には、権力を行使し人々の権利を奪う危険があります。民主主義が法の支配を攻撃することになるのです。

米国の政治制度は大統領の権限を制限しています。司法・立法・行政の三権分立をはじめ公式・非公式に多くのルールを設けていますが、トランプ大統領はそうしたルールを極端に嫌います。例えば、政権を運営するトランプ一家が事業利益を追求するのは利益相反の可能性が高い。大統領は所有権を委譲《いじょう》すべきでしたが、それを拒《こば》み、自身の納税記録も公開しませんでした。〈トランプ大統領が就任前に手掛けた事業で就任後も利益を得ているのは憲法違反として、東部メリーランド州とワシントンDCの司法長官は二〇一七年六月十二日に提訴した〉

民主主義の制度そのものが崩壊するわけではありませんが、従来通りには機能しなくなるのです。

――博士の著書『政治の起源』（会田弘継訳、講談社）では、民主制度を機能させる上で「国家」「法の支配」「説明責任をもつ統治機構」の均衡が重要だと指摘されています。

フクヤマ　米国の政治制度は、英国や日本、ドイツ、フランスなど他の先進各国に比べると、「国家のもつ権限」は歴史的に見ても弱かったのです。つまり、官僚制度や行政機関はそれほど強くない。

一方で、国家を制約する役割、つまり法の支配や民主主義は、非常に強い。米国には、制約の強い国家権力と、そうでないものが共存しているのです。

――論文に具体的な考察を加え、九二年に書籍化された著作『歴史の終わり』（渡部昇一訳、三笠書房）では、自由民主主義を唯一の持続的かつ長期的なシステムとして高く評価されています。

フクヤマ　その考えは変わりませんが、一方で、難しい局面を迎えていることも確かです。

Francis Fukuyama
1952年、米国シカゴ生まれ。コーネル大学で古典哲学を学んだ後、ハーバード大学大学院で政治学博士号を取得。国務省政策企画部スタッフ、ジョンズ・ホプキンス大学高等国際問題研究大学院（SAIS）教授などを経て現職。著作『歴史の終わり』は、世界的ベストセラーに。大著『政治の起源』『Political Order and Political Decay（政治の秩序と政治の衰退）』には、社会主義体制を堅持する中国の習近平国家主席も注目し、両氏は会談した。

【写真】©Seikyo Shimbun

今のところ、米国の民主主義制度は、トランプ大統領が権力を濫用できないよう機能していると思います。

ただし、FBI（連邦捜査局）のジェームズ・コミー長官を解任したことは明らかに越権《えっけん》行為に思えます。ロシアの米大統領選挙への介入をめぐり、FBIがトランプ政権を調査している最中に、長官を辞めさせるのは常識的には考えられません。今後、どう展開するのか。また、米国の制度はロシア疑惑を解明する上で十分に機能するのかが注目されます。

政策運営の機能を阻害

――博士から見て、米国の現状はどう映りますか。

フクヤマ　まさに「政治の衰退」の表れだと思います。それには、二つの要因があります。一つは、米国の政治システムが硬直してしまっていること。もう一つは利益団体の肥大化です。利益団体は国家を利用し、公益の犠牲の上に既得権益《きとくけんえき》を守ろうとします。

例えば、米連邦議会はこの二十年間、しばしば予算案を会期中に通過させられませんでした。ワシントン政治（政府と議会）がうまく機能せず、政府機関の閉鎖に絶えず直面しているのです。

――ウォール街（金融各社）や全米ライフル協会などの利益団体、連邦議会の野党による「ヴィト（拒否）」が政治の機能を低下させていると博士は指摘し、「ヴィトクラシー（ヴィト＋デモクラシーの造語）」という新たな概念も提唱しています。

フクヤマ　「ヴィトクラシー」とは、政府のなすべきことが阻害されている状態を指します。

社会基盤の整備は端的な例です。米国では現在、効率的な社会基盤の整備ができません。利益団体の権限が強く、大規模な計画を中止に追いやるからです。過剰な拒否が、米政権の運営を難しくし、米政治への国民の信頼を失わせました。

――政治の衰退が、トランプ大統領の誕生にも影響したとの見立てですか。

フクヤマ　ええ、トランプ大統領を生んだ重要な要因でした。大統領選挙で浮《う》き彫《ぼ》りになった点は「格差」です。グローバリゼーション「置き去りにされた人々」は、エリートたちを〝自分たちの代表〟ではないと感じ、トランプ大統領を支持しました。これも衰退の症状といえるでしょう。

■取材メモ

「トランプ時代」の胎動期《たいどうき》だった二〇一六年五月、大統領選挙中の十一月、さらに一七年五月と、記者は一年間に三度の米国取材を行った。まさに激動の渦《うず》に呑《の》み込まれる心境の中で〝知の巨人〟フクヤマ博士に直接インタビューしたいとの思いが募《つの》った。著書からは怜悧《れいり》な印象の博士だが、実際に会うと笑顔の温かさが心に残った。写真撮影時には「上着は必要?」と気遣いも。

写真：ロイター／アフロ

アメリカ大統領選挙をめぐって

第二章

予想外の結果となった二〇一六年の米大統領選挙。予備選段階での予測、結果が出た直後の分析など、今回の選挙を通してアメリカ社会の実像に迫った。

【写真】大統領選挙投票日の翌朝、トランプ氏の勝利を伝える米各紙

Interview

1 二〇一六年の米大統領選挙を前に

予備選で際立った体制派《エスタブリッシュメント》への反発

アメリカン・エンタープライズ政策研究所上級研究員
カーリン・ボウマン

二〇一六年十一月の米大統領選挙に向けた共和党・民主党の予備選挙では、いずれも米国政治の体制派（エスタブリッシュメント）と、それに反する勢力が二極分化するという〝現象〟が生じ、選挙の行方に大きな影響を及ぼした。

そうした〝現象〟が生まれた背景、現在の米国社会が抱《かか》える課題と本選の展望について聞いた。

（二〇一六年六月十九日付掲載）

【写真】©Seikyo Shimbun

影落とすリーマン危機

予備選挙で顕著《けんちょ》だった反エスタブリッシュメントの動きを後押しする主な要因として、二つの事柄が挙げられると思います。

一つは、二〇〇八年の金融危機です。〈米投資銀行リーマン・ブラザーズの倒産を契機に、金融危機が発生。米政府は公的資金を投入し、経済の安定化に努《つと》めた〉

この時期、米国民は国内の経済が完全に崩壊すると感じました。

この時の記憶は、今日《こんにち》の世論形成にとって決定的に重要でした。海外から見れば、米経済は順調と映るかもしれませんが、多くの国民はそう思っていません。賃金が上がらないために、貯蓄をしたり、生活必需品以外のものを買う余裕に乏《とぼ》しく、暮らしの先行きに不安を感じています。

Karlyn Bowman
ウィスコンシン大学卒。ハーバード大学ケネディスクール研究員などを経て、アメリカン・エンタープライズ政策研究所へ。現在、世論調査データを用い、米国世論の動向を分析・研究。経済や税制、労働環境、地球温暖化、自由貿易など、国内・国際を問わず、幅広いテーマを扱っている。また、人口動態や地理的環境の変化が米国政治に及ぼす影響についても研究。米国内の各種メディアで、コメンテーターやコラムニストも務める。

子ども世代が親世代より豊かになるという〝アメリカンドリーム〟の根幹が崩れてしまっているのです。

また、金融危機を引き起こした政財界のトップたちが、責任を厳しく問われることなく、現在も何不自由なく過ごしていることへの不満も根強くあります。

もう一つは、ワシントン政治が十分に機能していないということです。一九七〇年代以降、連邦議会の管轄《かんかつ》が格段に増えたことから、その分、批判が高まっているという側面もあるのでしょうが、米国民の目には、政治家は首都ワシントンで政争に明け暮れ、何の成果も出していないと映っています。今では、州政府や地方自治体の方に、より高い信頼が置かれています。

大統領予備選挙では、既存《きそん》の政治的権威への根強い不信が、トランプ氏やバーニー・サンダース氏といったアウトサイダー（政界の主流ではない人）への期待に転じました。現状を覆《くつがえ》してほしいという願望の表れだといえます。

トランプ氏を支持する人々には、さらに別の理由があると考えます。それは、オバマ大統領の外交政策に対する失望です。例えば、イラク、シリアはじめ中東地域で過激派組織「ＩＳ（イスラム国）」が活発化するなど、今や混乱状態に陥《おちい》っています。

トランプ氏の支持者は、国際社会で重い負担を被《こうむ》ることには疲れている半面、強い米国を再び世界に知らしめたいと望んでおり、現在の外交の現状を快《こころよ》く思っていない。その責任はオバマ大統領にあると批判しているのです。

ミレニアル世代に注目

過去数十年にわたり、米国では政治文化にセレブリティー文化（著名人になりたがる風潮）が混交《こんこう》してきました。トランプ氏のような有名人が大統領候補として出てきたことは、それほど驚くに当たらないといえます。

しかし、メディアの注目がトランプ氏に集まりすぎ、他の共和党候補と競い合う状況にすらならなかったことは残念です。一般的に、メディアの好みは大抵、左派リベラルですが、テレビ局は視聴率の向上を狙《ねら》って、トランプ氏を多く取り上げました。彼が有能なショーマン（人々を楽しませる能力に長《た》けた人物）だと分かっていたからでしょう。

トランプ氏の演説スタイルは、これまでの大統領候補と比べると異質です。「偉大な米国を取り戻そう」といった単刀直入な語り口に、共和党支持者は共感したといえます。共和党予備選に出馬した主流派のジェブ・ブッシュ氏やマルコ・ルビオ氏らにはない、独自の強みだったのでしょう。

これまでの時点で、大統領選は人物の〝印象〟〝価値観〟を判断する段階でした。簡単にいえば〝この人と一緒にコーヒーやビールを飲んで楽しめるか〟というような安心感や親近感が、候補者選びの基準だったのです。しかし、八～九月には政策論争が本格化します。有権者は予備選挙の時とは異なる視点から、候補者を見極めるのではないでしょうか。

一方、民主党予備選では、サンダース氏が公立大学の授業料無償化《むしょうか》や学費ローンの金利削減《さくげん》を公約に掲げ、若い有権者の支持を獲得。ヒラリー・クリ

9 月 26 日に行われた第 1 回討論会に臨む共和党トランプ（左）、民主党ヒラリー・クリントンの両氏。11 月の大統領選に向けて論戦を本格化させた（AFP=時事）

ントン氏を追い上げました。

若い世代（十八〜三十五歳）が、そうした公約に引きつけられた面は確かにあるでしょう。若者たちはもともと、寛容や自由、多様性を好む傾向にあります。また、過去の大統領選を振り返ると、ロナルド・レーガン元大統領やオバマ大統領のような「行動力のある候補」を支持する傾向が強いといえます。クリントン氏が本選で、若者たちの支持を得られるかが一つの見どころになります。

今年の大統領選挙では、若者の有権者が三一％を占《し》めます。とりわけ、ミレニアル世代（二〇〇〇年以降に成人・社会人となった人々）が、どちらの党に投票するかに関心が集まっています。直近二回の国政選挙では、選挙権年齢に達したミレニアル世代が民主党を支持しました。それが三回続けば、支持政党は固定するといわれるだけに、とりわけ今回の投票結果は注目されるのです。

政党間に広く深い亀裂《きれつ》

近年、共和・民主両党の間で政策の溝が深まっていることも深刻な問題です。その背景として、共和党が「右寄り」を強めるとともに、民主党が「左寄り」に一層傾《かたむ》いたことが考えられます。これは今日の米国が抱える重大な「二極分化」の要因だといえます。

顕著だった反エスタブリッシュメントの動きは、共和・民主両党が自ら招き寄せた現象だったといえるでしょう。有権者の多くが、政治的には中道に近いにもかかわらず、政党側の軸がぶれてしまったのですから……。

〝分裂から統合〟を掲げスタートしたオバマ政権でしたが、皮肉なことに分極化は相当に深刻化しました。歴史的に見て、共和党支持層のオバマ大統領への評価が低い一方、民主党の支持層では彼の人気はかなり高い。

今年の民主党予備選・党員集会を見ても、前回（〇八年）と比べ、リベラルへの傾斜が強まっています。一方の共和党では、アイオワ州以外の全ての予備選で、党員がより保守化しているといえます。

両党間の亀裂《きれつ》は相当に広く深く、どう修復すればいいのか、答えを見いだしがたい状況です。

やはり、分水嶺《ぶんすいれい》は、二〇〇八年秋の金融危機だったと考えます。米国内の世論は、それに比べれば、一三年に起きた「連邦政府の閉鎖」すら問題視していません。


〈医療保険改革法（オバマケア）の財源をめぐり、共和・民主両党が対立。予算案が成立せず、十月一日から政府機関が一部閉鎖される事態となった。同月十七日に再開〉


政府機関の閉鎖は確かに共和党の信用を傷つけましたが、それほど深刻ではありませんでした。その証拠に、オバマ政権下で、共和党は議会選挙で大躍進《やくしん》しました。圧倒的な連邦下院の議席数を確保するとともに、州議会でも数百議席を取り戻したのです。

大統領選の風向きが大きく変化し、一方の党が圧倒的な勝利を得ることがあれば、両党の溝は極端に小さくなる可能性もあります。また、今後、トラ

ンプ、クリントン両氏が中道寄りの政策をとるかどうかに、より関心が高まるのではないでしょうか。（談）

■取材メモ

「第五の権力」――米国社会でシンクタンクの存在感を示す言葉だ。司法・立法・行政の三権、第四の権力マスメディアとパワーを競う。一九四三年設立、二百人超のスタッフが働くアメリカン・エンタープライズ政策研究所は、その最有力の機関である。

Report

2 特派員リポート

既得権層《エスタブリッシュメント》に大衆が反旗「トランプ現象」で接戦を制す

史上まれに見る接戦となった十一月八日の米大統領選挙は、共和党のドナルド・トランプ候補が、民主党のヒラリー・クリントン候補に競《せ》り勝ち、第四十五代大統領に選出されることになった。選挙戦の最終盤、首都ワシントンDC、激戦州ペンシルベニア、そして投開票日に両候補が集会を構えたニューヨーク州を取材した模様をリポートする。

（二〇一六年十一月十三日付掲載）

【写真】勝利宣言するトランプ氏（AFP＝時事）

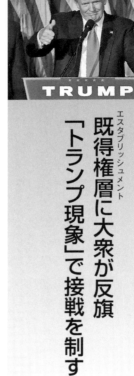

クリントン優勢が覆《くつがえ》る

投票直前の世論調査は軒並《のきな》みクリントン候補がリード、全米メディアの報道もクリントン優勢一色だった。それだけに、大方の予想を覆すトランプ候補の勝利は世界中を驚かせた。世論調査の正確性が問われ、専門家・メディアがこぞって予測を誤るという事態は、EU(欧州連合)離脱を決した今年六月の英国民投票と酷似《こくじ》している。

私は十一月一日にワシントンDCに入り、取材を重ねた。シンクタンク研究員や大学教授らに意見を聞いたが、誰もが「クリントン優勢」と語っていた。専門家・メディアは、共和党の予備選で、マルコ・ルビオ上院議員やジェブ・ブッシュ元州知事ら有力候補を蹴散《けち》らした「トランプ現象」を読み切れていなかった。

また、民主党の予備選でも、民主社会主義者を自称する異色《いしょく》の候補バーニー・サンダース上院議員が、「格差是正《ぜせい》」や「公立大学の授業料無償化」

など独自の政策を訴えて若者を中心に草の根の支持を拡大。まさかの「サンダース現象」の旋風《せんぷう》を巻き起こし、激しく追い上げた。

国際政治学者の三浦瑠麗《るり》・東京大学政策ビジョン研究センター講師は、世界中の専門家が勝敗を読み違えた要因について、ブログでこう綴《つづ》っている。「偏見にとらわれてトランプ現象の本質を理解せずに都合の良い数字ばかりを追いかけていた」と。予備選に続き、本選でも、専門家・メディアは過《あやま》ちを繰り返したことになる。報道に携《たずさ》わる者として自戒《じかい》したい。

黒人参加者が集会中座

投票日前日の七日、激戦州ペンシルベニアで開催された民主党の野外集会を取材した。フィラデルフィアの独立記念館前に約四万人の支持者が集まり、ロック歌手のブルース・スプリングスティーンさんやジョン・ボン・ジョヴィさんがパフォーマンスを行った。クリントン陣営によると、参加者は過去最多を更新した。

クリントン候補の娘チェルシーさん、夫のビル・クリントン第四十二代大統領、ミシェル・オバマ大統領夫人、バラク・オバマ大統領が次々に登壇。最後に候補本人が演説するという豪華なラインナップ。長い選挙キャンペーンの掉尾《とうび》を飾《かざ》るにふさわしい盛大なイベントだった。

野外集会で、オバマ大統領のスピーチが終わった直後、驚くべきことが起きた。クリントン候補が話し始めると、黒人を中心とした参加者の一群が帰路に就きはじめたのだ。その規模は、立ち見の会場の片隅《かたすみ》に大きな空《あ》きができるほどだった。

激戦とはいえ、もともと民主党の強い地盤があるとされ、クリントン候補が優勢と見られていたペンシルベニア州。結果は、僅差《きんさ》でトランプ候補の勝利。今になって考えると、肝心の候補演説を聞かずに中座した黒人参加者たちの姿は、番狂《ばんくる》わせの予兆だったようにも思える。それほど、印象的な一場面だった。

九日に公表された米テレビ局ＣＮＮの独自出口調査によると、クリントン候補は今回、黒人とヒスパニック系への支持を拡大しきれなかったという。

ミット・ロムニー共和党候補が二期目を目指すオバマ大統領に挑戦した二〇一二年の大統領選挙。この時、オバマ候補は黒人の九三％、ヒスパニック系の七一％の支持を獲得したが、クリントン候補は今回、黒人八八％、ヒスパニック系六五％と伸び悩んだ。

〝ガラスの天井〟破れず

ニューヨーク州マンハッタンにあるジェイコブ・ジャビッツ・コンベンション・センター。一九八六年に建設された、天井・外壁の大半がガラス張りの建物だ。クリントン候補が「女性の進出を阻《はば》む〝ガラスの天井〟を打ち破る」と訴えてきたことにちなみ、八日夜、開票結果を受けた演説を行う会場に選ばれた。

当日、同センターにはクリントン氏の勝利を確信する大勢の人たちが集まった。場内に大規模なプレスセンターも設置され、私の周囲は、世界中から駆け付けたメディア関係者の〈新大統領誕生の瞬間〉を待つ熱気であふれていた。だが、開票が進むにつれ、当初の活気は次第に失われていく。詰め掛けていた熱烈なクリントン支持者からは悲鳴やブーイングの声が上がった。

激戦州フロリダの大票田を奪われ、毎回の大統領選挙で帰趨《きすう》を左右するとされてきたオハイオ州でも敗北、さらに接戦のノースカロライナ州、民主党が伝統的に強かったウィスコンシン州を次々に失う。深夜（九日未明）、女性初の大統領の期待はついえ、演説も行われなかった。

ヒラリー・クリントン支持者が集まったジェイコブ・ジャビッツ・コンベンション・センターは、開票が進むにつれて悲壮感に包まれた（UPI／アフロ）

今回の米大統領選挙の特徴を一言で表せば、エスタブリッシュメント（既《き》得権層《とくけん》）に対する大衆の反旗《はんき》ではないだろうか。クリントン候補が勝利したニューヨーク州で利用したタクシーの女性運転手は「今回はヒラリーを支持するけれど、そもそも政治家はみんなダメ。嘘《うそ》つきだし、ダーティーだ」と話していた。

急速に進むグローバル資本主義は、一％の富裕層と九九％の人々との格差を増大し、中産階層を没落《ぼつらく》させた。とりわけ、賃金が頭打ちで雇用の不安を抱える白人労働者や、大学を卒業しても高額な奨学金《しょうがくきん》を返済できる職に就けない若者に不満や閉塞感《へいそくかん》が蓄積していた。移民の排斥《はいせき》や、極端な保護貿易主義も選挙の争点になった。

トランプ候補はビジネス界出身で、公職歴も軍歴もない。経験不足を逆手《さかて》にとり、アウトサイダー（既成政治の局外者）であることを強調して、現状に強い怒りを抱《いだ》く人々にアピールした。

クリントン候補は、大統領のファーストレディー、上院議員、国務長官と、候補者として申し分ない経歴を積みながら、政治の世界に長くいたことで、既得権層の典型とみなされた感があった。

勝敗の判明した九日の昼前、ニューヨーク市内に在住する四十代女性の友人から送られてきた電子メールには「どれだけトランプ氏が支持を集めたかというより、クリントン氏がどれだけ支持されなかったかが表れた結果ではないでしょうか」とあった。

3 アメリカ大統領選挙を分析する①

Interview

支持層の変化がクリントン陣営直撃
〝声なき大衆〟はトランプ票に

ジョンズ・ホプキンス大学
ライシャワー東アジア研究所長
ケント・カルダー

米大統領選は、大方の予想を覆し、共和党のドナルド・トランプ氏が民主党のヒラリー・クリントン氏に勝利した。

番狂わせが生じた要因とトランプ新政権の行方について、ジョンズ・ホプキンス大学ライシャワー東アジア研究所のケント・カルダー所長に聞いた。

（二〇一六年十一月二十日付掲載）

「ラストベルト」で明暗

――優勢とされた民主党・クリントン候補が敗北した理由について、どう分析されますか。

カルダー　米国では、同じ政党が三期続けて大統領選に勝つのは極めて困難だという面があります。加えて、さまざまな要因が重なったといえます。

民主党は伝統的に、鉄鋼、石炭、自動車産業などの労働組合が支持基盤でしたが、弱体化しています。それに代わり、サービス産業の組合が影響力を強めています。支持者の構造が次第に変わってきたのです。

ＬＧＢＴ（性的少数者）やフェミニスト（女性の権利拡大を推進する人々）の団体、黒人の支援組織といったグループの影響力も相対的に上昇しています。民主党は、そうした団体に配慮《はいりょ》す

Kent E. Calder
一九四八年、米国生まれ。ハーバード大学で元駐日米国大使のエドウィン・O・ライシャワー教授の指導を受け、政治学博士号を取得。プリンストン大学日米研究所所長、戦略国際問題研究所（CSIS）日本部長、駐日米国大使の特別補佐官を歴任。著書に『新大陸主義』（潮出版社）、『ワシントンの中のアジア』（中央公論新社）など多数。

トランプ氏・クリントン氏の獲得州地図

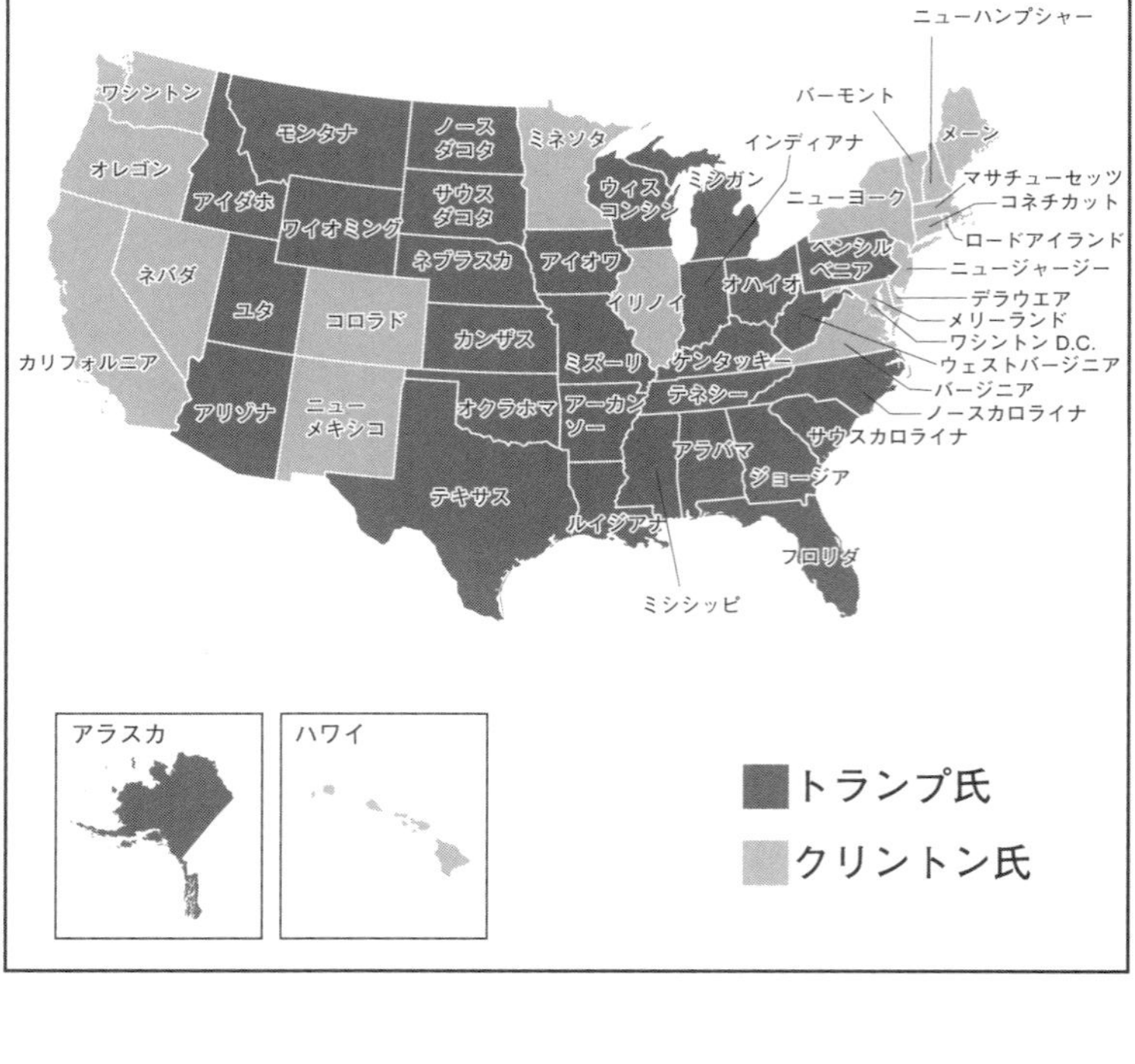

る一方で、一般労働者に意識が向かない傾向にありました。ペンシルベニア州、オハイオ州、ミシガン州など米中西・北東部地域は「ラストベルト（錆《さ》びついた工業地帯）」と呼ばれ、グローバル経済の競争に勝ち残れず大打撃を受けています。

ラストベルトの労働者（多くは白人）の生活水準は低下し、医療保険制度改革（オバマケア）による保険料の上昇も家計を逼迫《ひっぱく》させた。そこにトランプ氏が登場し、彼らを支援すると訴えたのです。

〈オバマケアについては、保険料が上がったが、政府負担も増えたので、個人の医療負担増は限定的との見方もある〉

――今回の大統領選挙では、エスタブリッシュメント（既得権層）への反発が浮《う》き彫《ぼ》りになりました。

カルダー　今年初めの予備選からエリートへの反発は明確に表れました。共和党では、父と兄を大統領にもつ、元フロリダ州知事のジェブ・ブッシュ氏は、出馬したものの早々に撤退《てったい》しました。民主党でも「格差是正」を訴える民主社会主義者のバーニー・サンダース上院議員がクリントン氏を追い詰めました。

クリントン氏は一般の人々、特に白人の低中所得層の生活感覚と乖離《かいり》していると批判されました。

トランプ氏は「忘れられた国民はもはやいなくなる」と勝利宣言しましたが、今回〝声なき大衆〟はトランプ票へ流れたのです。

キャンペーン巧拙《こうせつ》の差

――両陣営の選挙キャンペーンについては、どう評価されますか。

カルダー　クリントン陣営のスローガン「Stronger Together（一緒の方が強い）」は、トランプ陣営の「Make America Great Again（米国を再び偉大にしよう）」に比べて、今一つ迫力を欠いた感があります。

選挙戦の終盤、ペンシルベニアなど特定の州には十分注意し、候補本人が頻繁《ひんぱん》に入りましたが、（民主党の安定地盤とされた）ウィスコンシン州には行かなかった。「ここは大丈夫」と安心していたのでしょうが、フタを開ければ敗北。戦略的なミスを犯したといえます。

――最終盤には〝私用メール問題〟も再燃しました。

カルダー　特に期日前投票への悪影響は避けられなかったでしょう。

また、内部告発サイト「ウィキリークス」によって、クリントン陣営の情報が漏洩《ろうえい》したことも痛手でした。

〈例えば、クリントン氏がウォール街の金融関係者に行った非公開講演会の内容が暴露《ばくろ》された。そこでは財政緊縮《きんしゅく》政策、自由貿易政策に賛成する立場を表明。大統領選の公約と異なる内容だとして批判された〉

――トランプ氏の支持が広がった理由としては何が考えられますか。

カルダー　ツイッターなどソーシャルメディアを使い、とてもシンプルな言葉を何度も繰り返したことは効果的でした。マーケティングが非常にうまかったといえます。

トランプ氏は遊説《ゆうぜい》中に、よく赤い帽子をかぶっていましたね。これもパンツスーツ姿の多いクリントン氏とは対照的でした。庶民性を装《よそお》うホスピタリティー（温かくもてなす態度）が、トランプ氏の勝利につながったのではないでしょうか。

トランプ氏が二〇〇四年から大統領選挙に出馬する一五年まで、人気テレビ番組のホストを務めたことも大きかったと思います。テレビの影響力は強く、娯楽の中心がテレビ視聴である人々にとってトランプ氏は親しみのある候補でした。そうした事柄が支持の拡大につながったと思われます。

日米間の幅広い交流を

――選挙期間中、トランプ氏の過激な発言に注目が集まりましたが、具体的な政策面では、高齢者福祉の充実、公共事業の増大などの公約を訴えました。

カルダー　トランプ氏の公約は、自由競争を重視し、小さな政府を志向する伝統的な共和党の政策とは異なります。

ただ、ロナルド・レーガン第四十代大統領のように、共和党政権でありながら民主党政権もどきに社会保障費を増やし、一定の成果を収めた例もあります。実は、レーガン氏は若い頃、民主党員でした。トランプ氏もかつて民主党支持者だったのです。

――トランプ新大統領の打ち出す対外政策に関心が集まっています。

カルダー　共和党は従来、国防予算の増加を主張してきました。しかし、トランプ氏は違います。確かに、彼は退役《たいえき》軍人を厚遇《こうぐう》すると公約しました。その一方で、たとえ同盟国を守るためであっても米軍の派兵には消極的と見られています。

オバマ大統領とトランプ次期大統領は選挙直後の十一月十日、ホワイトハウスで会談しました。一時間半に及び、予定よりも長かったといいます。こうした対話を重ねることで、トランプ氏の政策方針が修正されることもありうるでしょう。

——アジア政策は、どう変わるでしょうか。

カルダー　トランプ氏が大統領に就任した後、数カ月の間は、アジア地域で何の事件も起きないことが重要です。

二〇〇一年四月、ジョージ・W・ブッシュ第四十三代大統領が誕生したばかりの頃、中国・海南島付近の南シナ海上空で、米軍の偵察機《ていさつき》と中国人民解放軍の戦闘機が衝突《しょうとつ》するという事件があり、米中間に軍事的緊張が高まりましたが、こうした危機の再来が最悪のシナリオでしょう。

トランプ新政権の形が完全に出来上がるのは来年（二〇一七年）の秋ごろになります。例えば、駐日米国大使が実際に東京に着任するのは八月〜十一月の間でしょう。

——日米関係の今後については？

カルダー　トランプ氏はまだ、白紙の状態というのが、実際のところでしょう。トランプ新政権にとって最大の関心事は、国内経済。とりわけ、ラストベルトの復活です。そのために、日米間の協力が役に立つはず。

日米関係を強化するために安全保障・外交面だけでなく、幅広い交流が必要だと考えます。

■取材メモ

トランプ氏の当選で、選挙中に訴えた〝米軍の駐留経費を日本が全額負担しなければ、同盟関係を見直す〟との発言が焦点に。屈指の知日派であるカルダー博士には、日本のメディア各社から問い合わせが相次いでいる。博士の見立ては「米国第一主義を唱えるトランプ氏は、孤立主義者ではなく現実主義者であり、極端な転換はない」だった。

4 アメリカ大統領選挙を分析する②

Interview

亀裂が深まる米国社会
ヘイトクライム（憎悪犯罪）が激化

米スタンフォード大学ワシントン校学長
エイドリエン・ジェイミソン

トランプ氏が大統領選挙に勝利した後、抗議デモが全米各地で起きている。その一方、黒人、ヒスパニック（中南米系）、イスラム教徒などマイノリティー（少数派）へのヘイトクライム（憎悪犯罪）も続発。社会の亀裂は一段と深まっている。米国は今後どう進むのか――対立が激化した背景について聞いた。

（二〇一六年十一月二十七日付掲載）

増幅された不安・恐怖感

――トランプ氏当選に抗議するデモの参加者たちは「私の大統領ではない」とのプラカードを掲げて街を行進。ニューヨークでは、トランプタワー周辺に約五千人が集まりました。

ジェイミソン　これまでの大統領選挙では、国民は投票結果を受け入れてきました。しかし、今回のような社会の分断を増幅《ぞうふく》するトランプ氏の選挙キャンペーンは、クリントン氏の支持者をはじめ、彼が攻撃した黒人、ヒスパニック移民、イスラム教徒など、トランプ氏の発言・政策に恐怖感を抱く人々をデモへと駆《か》り立てたのです。

有権者の心は高ぶっています。とりわけ敗者の側が、未来への不安を表現するという形で、このようなデモを起こしていることは、決して驚くべき現象ではありません。

Adrienne M. Jamieson
ウェルズリー大学を卒業後、カリフォルニア大学バークレー校で博士号を取得（政治学）。バークレー校の政治研究所副所長、政府系機関や公益団体のコンサルタントなどを経て現職。公共政策プログラム担当教授も務める。専門は米国政治、公共政策、メディア論。

選挙は接戦が予想されていました。（投票日前の）ある調査によれば、トランプ氏は「総得票数」では勝利するものの、「選挙人の獲得数」では敗北するとされていたことから、彼の支持者たちによるデモが予想されていました（結果は正反対となった）。

連邦議会の民主党は（トランプ氏の勝利後）、いくつかの課題――インフラ整備や中間層の雇用促進《そくしん》など――については、トランプ新政権と協力して取り組むことを表明しています。しかし、デモ参加者たちは（抗議や行進を）自分たちの声を届けるための掛け替えのない機会だと捉《とら》えているのです。

――一部のデモでは参加者が暴徒化し逮捕者も出ています。デモが終息する可能性はあるのでしょうか。

ジェイミソン　トランプ次期大統領とデモ参加者が互いの意見に耳を傾けるだけの準備が整《ととの》っているかどうかは分かりません。トランプ氏は、こうしたデモや批判を自身のツイッター上ではねのけています。

来年（二〇一七年）一月二十日の大統領就任式を迎えるまでに、彼を支持し

ない人々や、デモの参加者に向けて何らかの意味がある呼び掛けができると
は考えにくいでしょう。

主な抗議やデモ行進は、大統領就任式のさなかに、ワシントンＤＣで行われる予定です。数多くの団体がデモを支持しようと、組織的な支援をはじめ、さまざまな便宜《べんぎ》を供与している点も気掛かりです。

少数派を襲う嫌がらせ

――黒人、ヒスパニック、イスラム教徒、ユダヤ系などマイノリティーを標的にしたヘイトクライムも続発し、社会不安が高まっています。中には〝Make America White Again（米国を再び白人の国に）〟との落書きも見られました。

ジェイミソン　先週末（十一月二十日）の時点で、ヘイトクライムの報告は全米で七百件以上になり、さらに、未報告の事件も多くあります。まだ増えることが予想されています。

トランプ氏は当選後、テレビ番組で最初の取材を受けた際、自分の支持者たちに向けて、マイノリティーへのハラスメント（嫌がらせ）をやめるように訴えました。また、彼自身が少数派のグループに対して（ハラスメントを促《うなが》すような）何かを呼び掛けていません。ヘイトクライムの張本人と見なされることに〝守り〟の姿勢をとっています。

――先日、ニューヨークの劇場街ブロードウェーでミュージカル俳優らが、観賞していたマイク・ペンス次期副大統領に対し、アピールする騒動《そうどう》がありました。

〈十八日夜、ペンス氏が、米国建国の歴史を描いた人気ミュージカル「ハミルトン」を観賞。終演後のカーテンコールでは、黒人やヒスパニックで構成される出演俳優らが舞台上から、「新政権は米国の多様性を守らないのではないかという不安を感じている」との懸念《けねん》を訴えた〉

ジェイミソン　これに対しトランプ氏は、ツイッター上で「ハミルトン」の関係者に謝罪を要求し、波紋を広げました。

大統領選後、全米各地で反トランプデモなどが数多く行われた
（SPUTNIK ／時事通信フォト）

彼がマイノリティーに譲歩《じょうほ》するとともに、ハラスメントを行う支持者を自ら説得しようとしない限り、状況を改善させるのは難しいと考えます。現時点では、トランプ氏が「沈静化を図《はか》る」と約束しても、懐疑的《かいぎてき》に捉えられてしまうからです。

――ヘイトクライムは今後も続くということでしょうか。

ジェイミソン　トランプ氏がマイノリティー出身の議員やリーダーたちと一緒に、継続して融和《ゆうわ》に取り組めば、時間の経過とともに、その努力が突破口《とっぱこう》を開くこともあり得ます。

マイノリティー社会を代表する人物を政府の重要ポジションに登用することは、事態を打開する〝象徴的な声明〟となるでしょう。

「女性初」への期待萎《しぼ》む

――民主党のヒラリー・クリントン候補は投票日の翌日、敗北宣言で「私たちは、いまだあの最も高い『ガラスの天井（女性の進出を阻むもの）』を打ち破るに至っていません。しかしいつの日か、誰かがきっと、叶《かな》うならば私たちが考えるよりも早く、成し遂げてくれるでしょう」とスピーチしました。

ジェイミソン　クリントン氏は米国の歴史上、「最も大統領候補に適した」女性と見なされてきました。その半面、彼女の公職経歴がよく知られているがゆえに、「最も欠点を抱える」候補でもありました。

さまざまな批判の対象になりました。クリントン氏は究極の「インサイダー（政界内部者）」であり、しかも、私用メール問題の「犯罪者」だというトランプ氏の非難を多くの人々が信じてしまったのです。クリントン氏への疑惑の念をあおるようなトランプ氏の発言は、国民の多くに影響を及ぼしたといえます。

クリントン財団への寄付金をめぐる疑惑や私用メール問題が、本来ならば彼女を支持したかもしれない人々の信頼を損《そこ》なう結果となりました。

大統領選のテレビ討論会で「嫌《いや》な女」と侮蔑《ぶべつ》したことや、彼女のスタミナ不足に関する発言など——トランプ氏がクリントン氏に対し、大統領としての「ふさわしさ」を疑問視する言動を繰り返したことは、明らかに女性軽視として受け止められるものです。

実際のところ、反クリントンの感情が性別に由る《よ》ものなのか、あるいは彼女の公職経歴に起因するのか、はっきりしません。クリントン氏の抱えていたような〝瑕疵《かし》〟のない女性候補であれば、当選できたかもしれないという意見もありますが、やはり女性であることが敗因の一つだったことも確かでしょう。

——米国に近い将来、女性大統領は誕生するでしょうか。

ジェイミソン　米国民には、政界の「あまのじゃく」を好むという悪癖《あくへき》があります。

例えば、以前はオバマ大統領を支持したけれど、今回はトランプ氏に投票したというミシガン州の有権者は、「世の中をひっくり返したい」との願望をあらわにしていました（米ＮＢＣ局の番組「ミート・ザ・プレス」、十一月二十日放映)。

米国に女性大統領は誕生するでしょう。しかし、それがいつであり、また誰が適任なのかは分かりかねます。

■取材メモ

投票日直前の十一月三日、ワシントンDC中心部の大学構内でインタビュー。クリントン氏の優勢が伝えられる中、「オバマ氏が黒人初の大統領となったのと同じ意義をもつ、歴史的な出来事だ」と、女性の大統領誕生について期待を込めて語っていた。番狂わせのトランプ氏勝利を受けて、電子メールで追加取材。二十二日に回答を得た。

Dialogue

5 特派員対談　激動の二〇一六年を振り返る

〈トランプ現象〉と〈英EU離脱〉をめぐって

聖教新聞では二〇一六年、英国のEU（欧州連合）離脱（＝ブレグジット）を決めた国民投票後の欧州取材、大統領選挙の渦中にある米国取材のために、特派員を派遣した。ここでは、二つのニュースの〝現場〟を歩いた記者（米国＝光澤昭義、欧州＝樹下智）が、それぞれの取材をもとに、激動の二〇一六年を振り返る。

（二〇一六年十二月二十五日付掲載）

【写真】米国トランプ大統領（右）と英国メイ首相（AFP＝時事）

噴出した中間層の怒り

光澤　米大統領選挙では、ほとんどの大手メディア、学識者がドナルド・トランプ氏の勝利を予想できなかった。私は選挙戦の最終盤、ワシントンDＣとペンシルベニア州、ニューヨーク州で取材を行ったが、直前まで民主党のヒラリー・クリントン候補の方が優勢と見られていた。

樹下　〈英国のＥＵ離脱〉の賛否を問う国民投票も直前まで、残留派の勝利が大方の予想だった。〝まさか〟の結果に、離脱派をリードした政治家たちですら信じられない様子だった。

光澤　投開票日の十一月八日、私は、クリントン氏が勝利演説を行う予定だったニューヨーク市内のジェイコブ・ジャビッツ・コンベンション・センターにいた。夕方には、支持者もメディア関係者もクリントン氏の勝利を疑わず、会場内は活気に満ちていた。

樹下　接戦だったのは間違いない。各州の選挙人の獲得数ではトランプ氏勝利だが、全米のトータルな得票数はクリントン氏が多かったのだから。

光澤　米大統領選挙のシステムは、ニューヨーク州やカリフォルニア州といった人口の多い州の意見ばかりが反映されるのではなく、小さな州の利益も守られるような仕組みになっている。鍵《かぎ》になったのは、ペンシルベニア州、オハイオ州、ミシガン州など中西・北東部地域だ。グローバリゼーションの影響で地元経済が打撃を受け、「ラストベルト（錆びついた工業地帯）」と呼ばれる。自分たちは見捨てられているとの怒りが噴出していた。所得が伸びない中間層の声に政治家が耳を傾けなかった結果だ。

樹下　その点は、ブレグジットをめぐる議論と似ている。最大の争点は「移民問題」だが、離脱派を牽引《けんいん》した英国独立党のナイジェル・ファラージ党首は既得権層を糾弾《きゅうだん》していた。

EU離脱の責任を取る形で辞任したデイビッド・キャメロン前首相の後任テリーザ・メイ首相は、民意を反映し、特権階級のためだけでない「全ての人のための国家」を保守党大会で掲げている。

光澤　それにつけても、トランプ氏の応援のため、英国からファラージ党首がわざわざ米国に駆け付けたのは、今年を象徴する出来事だった。

全地球化《グローバル》が生んだ矛盾

樹下　ブレグジット政治分析の〝世界的スポークスマン〟とも呼ばれるロンドン大学のアナンド・メナン教授に、残留派が多い都市部と離脱派が多数を占めた地域は別世界のようだから、両方を取材した方がいいとアドバイスをもらった。

英国独立党の唯一の下院議員を選出しているイングランド東部「クラクトン選挙区」を訪れた際に、高齢の住民が「移民が増えて困っている。ロンドンば

2016年8月24日に行われた共和党集会に出席し、トランプ氏（右）への支持拡大を呼び掛けた英国独立党のナイジェル・ファラージ党首
（AP／アフロ）

かり豊かになるのが気にくわない人も多いと思う。それにもう、EUにああしろこうしろと指図《さしず》されたくない」と語っていたのが印象的だった。

光澤　その言葉には、都市部と地方の格差の問題だけでなく、「自分たちのことは自分たちで決めたい」という自決《じけつ》への強い意志が表れている。

樹下　離脱に賛成した人々は必ずしも排外《はいがい》主義者ではない。「移民が増えて子どもを地元の学校に通わせられない」といった声を聞くほど、「英国は、EUから離脱すべきではない」という自分の思い込みが短絡《たんらく》的なことに気付いた。

EU研究者の遠藤乾《けん》・北海道大学教授は近著『欧州複合危機』（中公新書）の中で、「グローバル化」「国家主権」「民主主義」が、三つ同時には成り立たない矛盾《むじゅん》した状況（トリレンマ）に陥るという、ハーバード大学のダニ・ロドリック教授の主張を紹介している。

その矛盾を緩和《かんわ》するためには、グローバル化によって得られた富を〝限られた一％〟の富裕層ではなく、痩《や》せ細る国内の中間層に還元《かんげん》する方途を見いださなければならないと強調していた。

光澤　米英のみならず他の先進国でも、グローバル化の恩恵を感じられない多数の民意が黙殺《もくさつ》されてきた。トランプ氏は、国内の労働者を守るための保護主義的な通商政策を訴えて支持を広げた。

樹下　とはいえ、ここまでヒト・モノ・カネの国際的な相互依存が深まり、さらにはモノとインターネットが融合する情報化時代に突入した今日、もはやグローバル化を巻き戻すことは困難だ。

「脱虚構《ポスト・フェイク》」の民主主義へ

光澤　〈トランプ現象〉については、「米国の〝見捨てられた人々〟が民主主義のプロセスの中で政治に参加し、その声を反映させた点は評価できる」との識者の見解もある。ただ注意しなければならないのは、選挙戦において事実に基づかない言説が横行したことだ。

樹下　英国独立党のファラージ党首が国民投票後に自らの公約の誤りを認めて批判された。英紙フィナンシャル・タイムズは、英国が「ポスト・ファクチュアル・デモクラシー（脱《だつ》事実の民主主義）」に陥ってしまったという読者の嘆《なげ》きを掲載していた。

光澤　米国研究者の渡辺靖・慶應義塾大学教授に話を伺《うかが》ったが、「もう一度、『ポスト・フェイク・デモクラシー（脱虚構の民主主義）』の時代を築いていかなければならない」と警鐘を鳴らしていた。渡辺教授は、情報が細分化される現代社会にあって、大手メディアがきちんと事実を報道することが肝要だとし、本紙にも期待を寄せてくれている。

樹下　欧州では右派ポピュリズム（大衆迎合主義）が席捲《せっけん》し、米国でも国益第一主義が幅を利《き》かせている。人権・民主主義・法の支配を重んじるリベラルな国際秩序への貢献を忌避《きひ》する流れが顕著だ。民意の熱狂に棹《さお》ささないメディアの矜持《きょうじ》が求められる。

光澤　米政治学者のイアン・ブレマー博士は、トランプ氏の勝利は「パックス・

アメリカーナ（米国による平和）の終焉《しゅうえん》」を意味すると語っている。米国を中心とした戦後の国際秩序が、人権や民主主義といった〝価値〟よりも〝利益〟を優先する大統領の誕生によって終わるかもしれないとの危惧《きぐ》だ。

樹下　米国の指導力低下によるリーダー不在の世界、すなわち「Gゼロ」の到来を指摘したブレマー博士は、一昨年（二〇一四年）の本紙オピニオン欄で、「Gゼロの怖さは『次に何が起こるのか、誰も本当に分からない』ということ」と語っていた。二〇一六年は次々と〝まさか〟が起こるの感を、誰もが強くした年だった。

光澤　明年（二〇一七年）一月二十日にトランプ新政権が発足するが、米国の行方は予測が難しい。また欧州では、明春のオランダ総選挙とフランス大統領選挙、そして秋のドイツ総選挙と、重要な政治日程が続く。戦後の国際秩序に地殻《ちかく》変動を起こした大波乱の年として、二〇一六年は記憶されるのではないだろうか。

写真：AP／アフロ

トランプ時代を読み解く

第三章

トランプ時代の日米関係、そして世界におけるアメリカの地位の変化について、聖教新聞に掲載された識者インタビューを収録する。

【写真】支持者の声援に手を挙げてこたえるトランプ氏

Interview

1 トランプ時代のアメリカを読む

自由奔放な言動には制約も 注目は議会共和党との関係性

慶應義塾大学 教授
渡辺 靖

一月二十日、ドナルド・トランプ第四十五代米大統領が誕生する。世界をリードする超大国の新政権は、どのような性格をもつのか。国際社会への影響、そして、日米関係の行方が注目の的になっている。「トランプ時代のアメリカを読む」と題し、米国研究の第一人者である渡辺靖・慶應義塾大学教授に語ってもらった。

(二〇一七年一月一日付掲載)

【写真】©Seikyo Shimbun

専制君主にはなれない

「トランプ時代のアメリカ」を読む大前提となるのは、そもそも米大統領は連邦議会によって、かなり手足を縛《しば》られているという事実です。十八世紀に英国から独立した際、「建国の父」たちは、大統領が専制君主化しないように、合衆国憲法に予防線を張りめぐらせました。

発言のぶれ幅が広く、型破りな印象が強いトランプ新大統領ですが、就任後も自由奔放《ほんぽう》に振る舞えるわけではありません。米大統領は絶大な権力をもっていると思われがちですが、議会の協力を得られなければ、一挙に政権はレームダック（死に体化）してしまいます。トランプ氏にも一定の抑制《よくせい》が働くでしょう。

新大統領にとって幸運なのは、同時に行われた連邦議会選挙で共和党が上下両院を制したことです。オバマ政権を苦しめた

わたなべ・やすし　一九六七年、北海道生まれ。九七年、米ハーバード大学大学院で博士号を取得（社会人類学）。オックスフォード大学シニア・アソシエート、ケンブリッジ大学フェローなどを経て現職。二〇〇四年、文化人類学の手法で、米国内の「白人社会」の実態・変遷を克明に描いた自著『アフター・アメリカ』（慶應義塾大学出版会）が、サントリー学芸賞に輝く。現在、米国研究、文化政策の専門家として、政府機関へのアドバイス等にも携わる。著書に『文化と外交』（中公新書）、『アメリカン・デモクラシーの逆説』（岩波新書）など。

ような、政府と議会のねじれはなくなりました。

選挙戦の最中、トランプ氏と共和党主流派との間に確執《かくしつ》が生じ、不安視されました。しかし、政権人事を見ると、選挙の論功行賞《ろんこうこうしょう》的な色彩がにじむ一方で、共和党主流派とのパイプが太いマイク・ペンス氏が副大統領、共和党全国委員長を務めるラインス・プリーバス氏が大統領首席補佐官（※七月二十八日更迭《こうてつ》）と、手堅い布石も見られます。

今後の見通しですが、一転してトランプ氏が〝行儀よく振る舞う〟ことにはならないと思います。彼の強い言葉が支援者を喜ばせ、時として発せられる温和なメッセージは批判的な勢力を安心させる。おそらく両方を使い続けていくのでしょう。一喜一憂《いっきいちゆう》しないことが大切です。

政策的には、議会と激しく対立しないよう、まずは共和党内で一致できるテーマを優先的に打ち出すでしょう。それは端的《たんてき》にいえば「反オバマ」路線です。

例えば医療保険制度改革（オバマケア）を完全に廃止するのは難しいにして

も、予算削減で実質的に骨抜きにすることはあり得ます。他に、イランとの核合意の破棄やキューバとの国交回復合意の見直し、地球温暖化対策の新たな枠組み「パリ協定」からの脱退、金融規制の緩和《かんわ》など、オバマ大統領のレガシー（政治的遺産）を大幅に見直すと思われます。

ただ、仮に共和党内の融和《ゆうわ》がうまく進んでも、民主党と共和党に分断された「二つのアメリカ」が解消されるわけではありません。今や「二大政党制の国というよりも、一党支配の国が二つある」とまで語られる深刻な状況です。多数を握った共和党が議会運営を強引に進めれば、民主党支持者の反発を招き、分極化が一段と進む危険性があります。

トランプ新大統領の語る〝理想《し》のアメリカ〟は、黄金の一九五〇年代がモデルです。白人が人口の大半を占め、中産階層が厚かった時代ですが、長期的な人口動態を見れば、米国の白人人口は減少傾向にあります。二〇四三年には白人の人口は過半数を割るという試算もあります。また、二〇〇〇年以降に成人・社会人となったミレニアル世代は、旧世代と価値観が大きく違い、経済格差・環境・人権などに敏感です。

人種やジェンダー（性別）の違いも含め、多様な人々の社会統合をいかに図《はか》るかは、トランプ政権だけでなく、両党に共通する課題であり、米国の未来を左右するでしょう。

揺らぐ欧州との信頼感

米国の対外政策を占《うらな》う上で、最も懸念《けねん》されるのは、トランプ政権と欧州の関係です。

新政権の外交を担う国務長官に、ロシアのプーチン大統領と親交がある大手エネルギー会社のＣＥＯ（最高経営責任者）レックス・ティラーソン氏が指名されました。シリア内戦やＩＳ（イスラム国）対策を念頭にロシアとの関係改善を狙《ねら》った人事とされますが、連邦議会の共和党主流派から〝あまりにロシア寄り〟と懸念の声も上がっています。

新政権がロシアのクリミア併合を不問に付すような動きを見せれば、欧州のNATO（北大西洋条約機構）加盟諸国から猛反発を招くでしょう。加えて、米軍の駐留経費の負担増を求めギクシャクすれば、米欧同盟が弱体化します。ひいてはリベラルな国際秩序の共有が失われる恐れさえ生じかねません。

第二次世界大戦後、米国は七十年以上にわたり、リベラルな国際秩序を維持するための努力を払い、世界中から信頼を得てきました。これこそが米国のソフトパワーの源泉です。これが崩れると、国際社会がカオス（混沌《こんとん》）になります。十七世紀の英国の哲学者ホッブズが主著『リヴァイアサン』で描いた、力と力が露骨にぶつかり合う〝弱肉強食の闘争世界〟に戻りかねません。

ティラーソン国務長官（左）は以前からロシアのプーチン大統領と親交がある（写真は2012年4月16日、モスクワ／EPA＝時事）

次に、中国に関しては、南シナ海や東シナ海への海洋進出の懸念も当然ありますが、軍事・安全保障よりも経済や為替《かわせ》管理をめぐる動きが、新政権の焦点となるでしょう。

選挙中、国内経済の観点から国際関係を論じがちだったトランプ氏ですが、大統領に就任後は、安全保障や地政学的な視点も付加して行動することが求められます。

トランプ氏は「ＴＰＰ（環太平洋経済連携《れんけい》協定）」に反対で、大統領に就任したその日に破棄すると言明しています。

そして、ＴＰＰの頓挫《とんざ》を最も歓迎するのは中国です。中国が重視するＲＣＥＰ（東アジア地域包括的《ほうかつてき》経済連携）がルール設定を主導することになるからです。こうした視点がトランプ氏には弱い。

ただ、過度な悲観も禁物《きんもつ》でしょう。一月二十日の大統領就任演説や、今夏まで行われる追加の高官人事を見るまでは、新政権の政策は明確になりませんが、連邦議会の共和党は、ＮＡＴＯの協力や自由貿易の重要性を十分理解しています。

重みが増す日本の存在

最後に、日本への影響です。日米関係は、新政権の発足後も基本的に安定すると思います。

選挙期間中、トランプ氏は在日米軍の駐留経費について、日本側に負担増を求め、米軍の撤収《てっしゅう》も辞さないとまで発言しました。しかし、この点は、心配に及びません。日本は既に約七五％も米軍経費を負担しており、韓国、ドイツの三〇～四〇％と比べても際《きわ》だって多い。これ以上負担するとなれば、米軍が傭兵《ようへい》化します。

また、米韓同盟が朝鮮半島を範囲としているのに対し、日米同盟は極東地域、さらには世界全体をカバーしています。日米同盟が揺らげば、米国の安全保障戦略も揺らぎ、米軍のコストも高くつきます。

懸念されるのは、日本に対し、防衛予算のGDP（国内総生産）比を上げるよう求めてくることです。急激な防衛費増は中国や韓国の対日警戒感を高め、東アジア地域に軍拡競争を起こしかねません。さまざまな事情があって、日本の防衛費がGDP比一％枠内を堅持している点に理解を得る必要があります。

トランプ氏に米国の知日派の力を借りて理解してもらうことは可能でしょう。

特に重要なのは、日米が「ウィンウィン（互恵《ごけい》）の関係」だと認識させることです。この説明は、従来の米大統領であれば不要だったかもしれませんが、公職の経験がないトランプ大統領には不可欠です。

安倍首相による一六年末のハワイ真珠湾への訪問は、第二次大戦中に敵だった日米両国にとって「歴史和解の象徴」といえます。和解の代表例としては、ドイツとフランスが挙げられてきましたが、独仏と比べて文化的共通項が少ない日米の和解は、同等以上と誇るべきでしょう。

現在の米国にとって日本の位置は大変に高い。またG７（主要七カ国）首脳会議において、いまや安倍首相は古株《ふるかぶ》です。日本が国際社会をリードする好機といえます。ＥＵ（欧州連合）離脱で揺れる英国、首脳同士の関係が良好ではないイスラエル……他の親米国に比べても日米関係は極めて安定しているのです。（談）

Interview

2 トランプ米大統領の就任演説を聞いて

「中間層の危機」は重大な課題

青山学院大学 教授
会田弘継

米国のドナルド・トランプ新大統領が一月二十日、就任演説を行った。新政権の政策について、演説から何を読み解けるのか。長年にわたり、ジャーナリストとして米国を見続けた会田弘継・青山学院大学教授に、演説全体の印象と国際社会への影響について語ってもらった。

（二〇一七年一月二十九日付掲載）

【写真】©Seikyo Shimbun

高邁な政治理念語らず

――今回の就任演説に、どのような印象をもちましたか。

会田　まず、かなり短かったということ。約十六分のスピーチでした。

言葉づかいも、短文でストレートな表現に終始しました。「平易な言葉だが、深みに欠く」とも批判されましたが、彼は米国の中間階層の中でも、とりわけ苦しい生活を強《し》いられ、貧困層に転落しかねない人々の支持を得て、大統領になった。そのことを忘れてはならないでしょう。トランプ大統領は彼らに向けて語り掛けたわけです。

米国社会は今、深刻な分断状況にあります。それは、中間層が近年のグローバル資本主義の中で搾取《さくしゅ》されてきたことに起因しますが、新大統領はその状況を「Carnage（殺戮《さつりく》）」という言

あいだ・ひろつぐ
一九五一年、埼玉県生まれ。東京外国語大学を卒業後、共同通信社に入社。ジュネーブ支局長、ワシントン支局長、論説委員長などを経て現職。共同通信社客員論説委員も務める。著書に『増補改訂版　追跡・アメリカの思想家たち』（中公文庫）、『トランプ現象とアメリカ保守思想』（左右社）、訳書にフランシス・フクヤマ著『政治の起源』（講談社）など。

葉で表現しました。

〈演説では「この米国の殺戮は、今、ここで終わります」と〉

この単語は生々しい流血を想起させます。異様な表現ですが、労働者が置かれた状況を、そう捉《とら》えているのでしょう。

教育問題に触れた点も重要です。

〈「資金は十分でも、若く輝かしい生徒たちが知識を得られていない教育制度」と〉

米国では、教育と経済の格差が同時に拡大しています。かつては親が貧しくとも、子どもは高水準の教育を受け、貧困から抜け出す道がありました。しかし、今や大学の授業料は高騰《こうとう》し、貧しい家庭の子どもが進学できない。格差が固定されている状況なのです。

――自由や民主主義、法の支配といった高邁《こうまい》な政治理念や建国の歴史などは語られませんでした。

会田　全体を通して、労働者が直面する雇用問題に目を向け、ＳＯＳと、救援を求める彼らの叫びを半ば代弁しつつ、「私が助ける」と訴えたスピーチでした。

私はこれまでジャーナリストの立場から四年ごとに米大統領の就任演説を聞いてきましたが、異例の内容だったといえます。ジョージ・W・ブッシュ大統領は二〇〇五年一月、イラク戦争の最中での就任演説（二期目）でも政治の理想を訴えました。共和党、民主党を問わず、どの大統領も米国政治の伝統や理想に言及しましたが、今回はありませんでした。また、共和党の〝錦《にしき》の御旗《みはた》〟だった「小さな政府」にも触れませんでした。

トランプ大統領が当選したことは、一面では合衆国憲法が保障する「制御《せいぎょ》された革命」ともいえます。そもそもは、大英帝国に抑圧《よくあつ》されてきた人民が自由や人権を勝ち取ったというのが米国建国の歴史です。その観点からすれば、苦境に立つ（白人）労働者たちによって〝革命的な国家〟という本来の姿が現れたともいえます。

白人中間層の危機的な状況について、トランプ大統領が選挙期間中から問い掛けてきたことは重大な意味をもちます。ただ、その問題が解決されるかというと、指名閣僚の顔ぶれを見て、少し違う気がしました。特に、金融大手、エネルギー最大手の出身者が、労働者の支持で勝った政権の要職を占めており、説得力に欠けるといわざるを得ません。

警戒感招く保護主義色

――就任演説では「米国第一主義」を政権運営の核心に据《す》えると表明しました。国際的な自由貿易を主導してきた米国が保護主義へと政策を転換することに対し、各国で警戒感が広がっています。

会田　グローバリゼーションの進展によって世界経済が底上げされ、中国やインドでは新たな中間層が生まれました。生活水準も医療環境も向上している点はグローバリゼーションのプラスの側面ですが、米国はじめ先進国では、トップ一％ほどの富裕層がどんどん豊かになる一方、こうしたグローバル化の流れに取り残された中間層との格差が一段と広がってしまいました。

取り残された人々をどう支援するかは先進国共通の課題ですが、だからといって保護主義に走るべきではありません。自由貿易がなければ、そもそも世界全体の繁栄《はんえい》も実現し得ないからです。

一九二九年、世界大恐慌が起きた際に保護主義が台頭《たいとう》。大国がブロック経済圏をつくりましたが、それが国際社会内の対立・分裂を先鋭化してしまいました。そうした歴史の反省に立つ必要があるでしょう。よりよい自由貿易のあり方を問い直す時代に突入したということだと考えます。

――トランプ大統領は一月二十三日、TPP（環太平洋経済連携協定）離脱の大統領令に署名しました。

会田　保護主義への転換は既に始まっているといえます。もはやTPPの発効は困難でしょう。

一方で、トランプ大統領の政策が多くの矛盾《むじゅん》を抱《かか》えていることも確かです。例えば、保護主義政策の一環として関税を上げれば、国内の物価が上昇します。そのあおりを食うのは労働者です。大統領の政策が実現するほど、矛盾が明らかになり、長期的には米国経済が大きな痛手を被《こうむ》ることになりかねないのです。

既に世界経済は長期停滞に入っていると指摘する識者もいます。トランプ政権は大規模なインフラ（社会基盤）向け公共投資によって、雇用増と経済活性化を実現しようとしていますが、それが全ての解決策にはなり得ないでしょう。世界経済の安定に向けて、国際社会全体で取り組むことが求められます。

――G7（主要先進七カ国）のような枠組みが一層重要となるのでしょうか。

会田　G7の先進各国が危機に際して、どう行動するかは、中進国や新興国にとっては前例となります。数十年後には同じ問題に直面するからです。雇用問題一つとっても、ここで先進国グループが解決策を示せなければ、混乱はずっと続くでしょう。米国だけでなく、英国、フランス、イタリアなど欧州の先進国で自国中心主義の動きが極端に強まっているだけに、G7でも特に、ドイツや日本の役割が重要になると思われます。

法の支配崩す取り引き懸念

――二十五日には、メキシコとの国境沿いに壁を築くよう命じる大統領令にも署名しました。

会田　残念なのは、中間階層の人々が苦境に立たされると、国内に〝敵〟を探す傾向があることです。どうしても「排除《はいじょ》の思想」が出てきてしまう。現在の米国では、ヒスパニック（中南米系）やイスラム系の移民は白人中間層の職を奪う存在と見なされており、トランプ大統領は、それを利用しているといえます。

――外交・安全保障政策は、どんな特徴をもつと考えられますか。

会田　トランプ大統領が、いかなる外交観をもつのかは分かりません。米国は第二次大戦以降、自由主義圏の盟主を担《にな》ってきました。トランプ大統領にも同じリーダーシップを発揮するように期待したいけれど、まだはっきりしない現状です。

日本に対しては、大統領選挙の最中から米軍駐留経費の負担増を求める発言を繰り返してきましたが、日本の負担額は既に他の同盟国とは比較にならないほど高い。幸い、（国務省や国防総省など）米政府の関係者は、そのことを理解していますが、沖縄の海兵隊をグアムに移転するプランが端的に示しているように、米軍が日本から徐々に退いていくという流れは今後も続くかもしれません。

――アジア地域は、中国の海洋進出や北朝鮮の核開発問題に直面しています。日米同盟の重要性も含めて、日本政府にはトランプ大統領に理解してもらう努力も必要ではないでしょうか。

会田　新政権に入った軍出身のジェームズ・マティス国防長官はじめ高官たちは、しっかりした安全保障観に立っています。彼らを通じて、正確な情報をトランプ大統領に把握してもらうよう努力するべきでしょう。

トランプ大統領が、外交を「ディール（取り引き）」として扱うのでは、という懸念は常にあります。例えば、ロシアがシリア国内の過激派組織「ＩＳ（イスラム国）」と戦う見返りに、クリミア併合に対する対ロ制裁を解除することがあるかもしれません。（武力による国境線の変更は認められないという）国際法の原則を取り引きの材料にしてしまえば、法の支配は崩れてしまいます。日米両国は、緊密《きんみつ》なコミュニケーションを取り合いながら、自由や民主主義に基づく国際秩序を共有しなければなりません。

■取材メモ

大統領就任式と併行して、全米各地で反トランプの集会やデモが盛ん。米国社会の亀裂《きれつ》があらわになったが融和の兆《きざ》しはない。会田教授はトランプ現象について「知識人、エリートは大失敗した。労働者の気持ちが分からなかった」と自戒《じかい》を込める。

Interview

3 日米関係を展望する

冷戦後「危機の二十五年」の日本 安保と地域主義のバランスこそ

上智大学 教授
宮城大蔵

トランプ新大統領と安倍首相との初の日米首脳会談が二月十日、首都ワシントンで行われた。米新政権が人権・民主主義・法の支配を重視する〝価値外交〟から米国優先の〝利益外交〟へと舵《かじ》を切ったことで、日本外交も岐路《きろ》に立たされようとしている。宮城大蔵・上智大学教授に、今後の日本外交の行方について語ってもらった。

（二〇一七年二月十二日付掲載）

自公連立が安定の軸に

――冷戦後の四半世紀を「危機の二十五年」と定義されていますね。

宮城　日本は冷戦終結後、安全保障政策を見直さなければならない事態に何度も直面してきました。主に、一九九一年の湾岸戦争、九四年の北朝鮮核危機、そして近年は中国の海洋進出を挙げることもできるかもしれません。この間、日本外交の焦点は、米国から要請される安全保障分野での貢献にどれだけ応じるかから、現在は、中国の台頭に直面して、いかに米国を東アジアに引き留めるかという関心へと変遷《へんせん》してきました。

――冷戦後の一連の危機は、国内政治にも多大な影響を与えました。

宮城　ええ。最も顕著《けんちょ》なのは、政党間の連立の組み替えです。

みやぎ・たいぞう
一九六八年、東京生まれ。専門はアジア国際政治史。九二年から四年間、NHK記者を経て、二〇〇一年、一橋大学大学院で博士号（法学）を取得。上智大学准教授を経て、現職。歴代首相をはじめ現代日本外交史の当事者にインタビューを行う企画に携わり、編著『橋本龍太郎外交回顧録』（岩波書店）を刊行。著書に『戦後アジア秩序の模索と日本』（サントリー学芸賞受賞、創文社）、共著に『普天間・辺野古　歪められた二〇年』（集英社新書）など。

湾岸戦争において、日本は百三十億ドルという多額の資金を提供しました。私はあの時点ではあのような対応しかなかったのではないかと考えますが、対日貿易摩擦《まさつ》に不満を募《つの》らせていた米国から強く批判され、〝外交敗戦〟だと受け止められました。そこからの〝失地回復〟を試《こころ》みた九二年のＰＫＯ法では、自民党・公明党・民社党という新たな路線が形成されました。その後、非自民連立政権下で勃発《ぼっぱつ》した北朝鮮核危機は、安全保障政策をめぐる与党の意見の不一致を露呈《ろてい》させ、政権瓦解《がかい》を加速させました。

日本が安全保障政策について一定の安定した枠組みをようやく得られたのは、小渕政権で自民党・自由党・公明党の連立（後に自由党は離脱）が組まれた時です。その際は、日米安全保障協力を具体的に進める防衛ガイドライン関連法への公明党の賛成が鍵《かぎ》となり、これ以降、「自公」が軸《じく》となって、安全保障上の課題について相当程度の体制整備がなされてきました。日本外交に安定した枠組みを与えたという点は評価できます。

――その後、二〇〇九年から三年間は民主党政権でした。

宮城　民主党が外交政策の面で試みたことに意味がなかったわけではありません。ですが、鳩山首相が沖縄の普天間基地の代替施設は「最低でも県外」と発言し撤回したり、東アジア共同体に米国が加わるべきかどうかで閣僚の発言がバラバラだったり……国内外で大きな混乱を生み出し、目指した方向自体がおかしなものだったという印象を残すことになりました。安全保障政策が、「自公」以外の枠組みの弱点であったことは確かです。

抑止と安心の両面必要

――トランプ政権の誕生によって、日本は政策転換を迫られるのでしょうか。

宮城　現在、中東・アフリカ七カ国からの米国入国を一時禁止する米大統領令を非難する声が世界中で高まっています。一月二十七日、トランプ大統領といち早く会談し、国賓《こくひん》としての訪英を要請したテリーザ・メイ首相はあおりを食い、帰国後に批判が相次《あいつ》ぎました。

〈下院で、メイ首相は「あのような政策は対立を生み、間違っている」と答弁〉

米国の出入国管理は内政事項であるとして、日本の政治家は、それについて直接的に語る立場にないとしています。それは日本国民が自由や人権といった価値をどう捉えているのかということも関連する問題でしょう。トランプ政権の外交政策の転換は、日本にとって一種の試金石ともいえます。

――北朝鮮情勢など日本を取り巻く安全保障環境が緊迫の度を増しています。

宮城　日米同盟を基本に、抑止力の維持に努《つと》めることの重要性は今後も変わりません。とともに、近隣諸国との関係改善にも注力すべきです。冷戦後の日本外交にとって「安全保障」と「地域主義」は車の両輪でした。抑止力強化は周辺国への安心供与と同時に行わなければ、単なる軍拡競争に陥《おちい》ってしまいます。（今世紀に入り）自公の枠組みで安全保障政策の体制整備はされてきましたが、近隣諸国との緊張緩和や沖縄の基地問題といった残された課題にも、誠意をもって取り組んでもらいたいと考えます。

「二つのアジア」を管理

――著書『現代日本外交史』（中公新書）の中で、「経済大国」に代わる新しいアイデンティティー（自己同一性）の模索が、冷戦後の日本外交の〝隠れたテーマ〟であったと記されています。

宮城　新たなアイデンティティーの模索はまだ続いている最中でしょうが、それが日本の過去を含めた美化と自画自賛に傾《かたむ》くことなく、未来に向けたものとなることが重要です。外交面でのキーワードは「管理」になるでしょう。

私たちは今、「二つのアジア」の中で生きています。一つは、中国を柱としてますます一体化が進む「経済のアジア」です。中国は日本にとって最大の貿易相手国であり、また、日本の対外輸出の五〇％以上がアジアに向けられています。

もう一つは、米国中心の同盟網《もう》と、それに含まれない中国からなる「安全保障のアジア」です。ゆえに、中国と経済でつながっていても、安全保障で緊張が高まるかもしれない「ずれ」が、「二つのアジア」には内包されています。「ずれ」は構造的に解決できませんので、緊張が高まらないよう忍耐強く「管理」するしかありません。

――米国がTPP（環太平洋経済連携協定）離脱を決めた今、もう一度、RCEP（東アジア地域包括的経済連携）といったアジアの経済統合の深化《しんか》に目を向けるべきということでしょうか。

宮城　経済面でも、米国のアジアへの関与は依然として重要です。経済分野での協力は、安全保障のように「（勝者と敗者に分かれる）ゼロ・サム」の観点で捉えるべきではありません。TPPについても、中国包囲網だと勘違いされやすいのですが、そもそも中国が加盟することも視野に入っていました。

東アジア共同体については、鳩山民主党政権の混乱で、それを語ること自体がはばかられるような状況になりました。ですが、東アジアの地域主義は歴代政権が進めてきた政策でもあります。RCEPもその一つです。「安全保障のアジア」にばかり力点を置き、「経済のアジア」の果実を失うのは得策ではありません。冷戦後二十五年間の日本外交を俯瞰《ふかん》して最も印象に残ったのは、「時間の経過は日本に味方しない」ということです。中国や東南アジア諸国の発展を受けて、相対的に日本の存在感は小さくなる一方だからです。現在の外交の基本方針が二十年後も通用するのかという長期的な視座をもち、議論の幅を常に広げていかなくてはなりません。

■取材メモ

「小渕政権から始まった『自公』の枠組みは、冷戦後の日本の対外政策を支える下部構造である」――これが実証研究を通した宮城教授の基本認識。「近隣諸国との関係改善をはじめ、公明党には持ち前の強みを発揮してほしい」と期待する。

Interview

4 「トランプ時代の新世界秩序」をめぐって

滑り出し順調な日米関係

国際政治学者
三浦瑠麗

トランプ新政権の外交も本格的にスタートし、二月十日にはホワイトハウスで初の日米首脳会談が行われた。日米関係は今後、どのように推移し、トランプ外交は、どう展開すると考えられるのか。

気鋭の国際政治学者・三浦瑠麗氏に、日米首脳会談への評価と併せて語ってもらった。

（二〇一七年二月二十六日付掲載）

【写真】©Seikyo Shimbun

首脳会談は「満額回答」

――トランプ大統領はこれまで「米軍駐留経費の日本側負担増」や「自動車貿易、為替操作への批判」を繰り返してきましたが、いずれも日米首脳会談では取り上げられませんでした。共同声明には日本側が要望していた「日米安全保障条約第五条（米国の対日防衛義務）」をめぐる文言が明記されました。

三浦　正直に言って、ここまで米政権が常識的な対応をするとは思いませんでした。

日本政府にとって、これまでの日米関係の原則を確認でき、「満額回答」でしょう。

共同会見では、乱暴な話しぶりの目立つトランプ大統領が、きちんと原稿を読んでいたことも印象に残りました。

首脳会談が成功した背景には、日本側がトランプ政権の内政

みうら・るり
神奈川県生まれ。東京大学農学部を卒業後、東大公共政策大学院、東大大学院法学政治学研究科を修了。法学博士。専門は国際政治。現在、東京大学政策ビジョン研究センター講師を務める。著書に『シビリアンの戦争』（岩波書店）、『日本に絶望している人のための政治入門』（文春新書）など。

上の問題を批判してこなかったこと、つまり大統領の面子《めんつ》を保ったことが主な要因の一つとして考えられます。

また、大統領の実の娘であるイバンカ氏、その夫のジャレッド・クシュナー大統領上級顧問やスティーブ・バノン首席戦略官など大統領の側近と、うまく連携できたことも大きいでしょう。彼らは、日本を戦略的に重要な同盟国とみなしていると推察されます。

両国の官僚同士の交渉だけでは、ここまで成功しなかったのではないでしょうか。

——日米関係の強化に向けて、順調な滑り出しといえますか？

三浦　はい。ただし政権の政策チームが日本を重視したとしても、米国民の日米関係への関心は対ロシア外交ほど高くありません。今後も、政策チームの戦略と民意との間にギャップが存在し続けることも理解しておく必要があります。

——経済分野では日米二国間のＦＴＡ（自由貿易協定）に進むかどうかに注目

が集まっていますが、共同声明には「自由で公正な貿易のルールに基づいて、日米と地域の経済関係を強化する」との一文が盛り込まれました。

三浦　ＴＰＰ（環太平洋経済連携協定）がそのままの形で復活することはないでしょうが、一旦《いったん》合意を得られた「ＴＰＰの意義」を残すことは重要です。その意義とは、簡単にいえば、モノの貿易だけでなく、サービス分野や国内規制に国際的な共通ルールを導入して、国際経済の活性化を図ることです。中国主導の経済圏が東南アジア各国に影響力を強めた時に、環境規制や児童労働の禁止など先進的なルールを設定しない可能性もあるからです。日米でＦＴＡ交渉を推進する場合も、今後、この認識を両国間で共有しなければなりません。

ＴＰＰを黒船（日本国内の改革を促《うなが》す圧力）として利用するだけでなく、米国やアジア各国の経済的利益にも目を向けなければならないのです。

ニクソン大統領と類似

――トランプ大統領独特の〝ディール（取り引き）外交〟への不安が払拭《ふっしょく》されたわけではないと思われますが……。

三浦　もちろん、政治や外交のプロでない点には懸念が残ります。リベラルな国際秩序を崩す可能性もあります。

東アジアの安全保障でいえば、北朝鮮と〝筋悪《すじわる》の融和〟に踏み切ってしまう恐れが考えられます。もちろん、脅しや圧力一辺倒のやり方で、北朝鮮と向き合うのは適切ではない。北朝鮮に平和的交渉の余地を残さなければ、同国の指導者は不安におののき〝暴走〟しかねないからです。それでは米国にとっては、大国の体面に傷がつくことになりかねません。

――新著『「トランプ時代」の新世界秩序』（潮新書）では、トランプ大統領とリチャード・ニクソン第三十七代大統領との共通点を指摘していますね。

三浦　まずパーソナリティー（性格）です。ニクソン元大統領は徹底した反共主義者でした。一方、トランプ大統領はイスラム過激派だけでなく、メディアやリベラル思想までをも敵視しています。また現状維持を嫌い、従前の戦略目標を見直すという点でも共通しています。

歴史的な背景も似ています。一九六九年、ニクソン元大統領が誕生した時、米国はベトナム戦争と、ソ連との軍拡競争の渦中にありました。現在のトランプ政権は、イラク戦争やアフガニスタン戦争の後に登場し、シリア内戦という難題に直面しています。

米国がいわば〝手を広げすぎた〟わけですが、それでもなお強い覇権《はけん》国家を維持するために、軍拡競争や地域紛争への介入は〝足かせ〟だから手を引くという考えです。こうした発想は、ニクソン、トランプ以外の大統領には見られません。

ベトナム戦争中の七〇年、ニクソン元大統領はカンボジアに侵攻します。当初は勝ったように見せて撤退する戦略でしたが、それが失敗に終わると、すぐにベトナム撤退を始めます。そして、驚くことに中国とディールして撤退の糸口を見いだしていきました。
トランプ政権の中東戦略も、同じような経路をたどるかもしれません。

政権の命運を握る経済

――二月十三日、国家安全保障担当のマイケル・フリン大統領補佐官が辞任しました。政権発足前、駐米ロシア大使と対ロ制裁の解除を協議した疑惑の引責《いんせき》でした。新政権には痛手になると思われます。

〈二十日、トランプ大統領は、中東での経験が豊富なハーバート・レイモンド・マクマスター陸軍中将を後任に起用すると発表した〉

三浦　米国との接近を狙っていたロシアにとっても痛恨《つうこん》だったといえます。ロシアがらみの問題だっただけに〝勢い〟がそがれた格好です。

また、トランプ大統領は、ロシアのウラジーミル・プーチン大統領と、核弾頭数の大幅削減を協議したいと考えています。核弾頭の廃棄・更新には莫《ばく》大《だい》なコストを要するからですが、今回の辞任劇を受けて、核兵器削減の米ロ交渉も遠のくことになるでしょう。

トランプ政権が成功するか否《いな》かは、国内経済の好調にかかっていると思います。それには、国民が生活水準が多少とも上がったと実感すると同時に、米国経済が冷え込まないことが大切です。これら二つが両立できれば、外交上の深刻な問題は起きないのではないかと考えます。

――トランプ大統領の外交観は不明瞭であり、今後の政策運営も「予測不能」と指摘されがちです。

三浦　トランプ政権は当面、〝短期的な利益を見据えて動く〟と考えるべきでしょう。ゆえに、日本政府は首脳会談の成功後も、米政権に対して東アジア情勢の課題を確認し続ける必要があります。米国との友好関係を維持するだけでは、東アジアの課題が（高い優先順位で）外交スケジュールに上らないでしょう。

留意すべきは東アジアの安定に向けて今後、日韓関係をはじめとするアジア諸国同士の関係がますます重要になるということです。バラク・オバマ前大統領は日韓関係の改善に関与し続けてくれましたが、トランプ政権の対応は未知数です。韓国で次期大統領が誕生した後、東アジアの未来像を積極的に提示することが求められます（※五月十日に文在寅《ムン・ジェイン》氏が大統領に就任）。

イラク戦争（二〇〇三年）や金融危機（〇八年）が起きた時、日本の論壇には「米国の時代は終わった」と得意げに語る識者もいましたが、そろそろ日本人は偏狭《へんきょう》なナショナルプライド（国家威信）から成長すべきです。

米国の優越的な国力が、日本とアジアの安定に必要であることは明らかです。強い米国は日本の国益にもなるのです。

■取材メモ

右派ポピュリズム（大衆迎合主義）が近年、欧州はじめ世界各国を席捲《せっけん》。今年のフランス大統領選やドイツ総選挙でも、極端な右派勢力への支持拡大が懸念されている。三浦氏は「保守が壊れると、極右と国家社会主義的な左派が台頭する」と警鐘を。

あとがきにかえて

聖教新聞 外信部長　野山智章

報道に携《たずさ》わる者として、片時もドナルド・トランプ大統領から目が離せない。

二〇一六年十一月八日、本命とされたヒラリー・クリントン民主党候補を破り、まさかの当選を果たして以降、トランプ大統領と向き合って〝悪戦苦闘の連続〟というのが、日々の実感である。世界中が、公職とは一切無縁だった異色の人物に掻《か》き回されている。そしてメディアも専門家も、その動きを読み切れずにいる。

就任直後の一月二十三日にサインしたＴＰＰ（環太平洋経済連携《れんけい》協定）離脱

の大統領令は選挙公約でもあり、まだ序の口だった。例えば、四月六日、フロリダの別荘で行った米中首脳会談での会食さなかのシリアへのトマホークミサイル攻撃、国際舞台へのデビューとなったG7（先進国首脳会議）帰国早々のパリ協定からの脱退……。とりわけパリ協定脱退は、地球温暖化防止を目指し米国が主導した温室効果ガス排出の国際的なルールなだけに当惑《とうわく》は大きい。トランプ大統領としては、単純に選挙公約を実行しただけかもしれないが——。

日本においては、トランプ政権が「史上最低の大統領支持率」等々と、明日にでも崩壊するかのように報道されることがある。また、五月十七日、ロシアが米大統領選挙に干渉した疑惑解明へ向け特別検察官にロバート・ミュラー元FBI長官が任命されたことや、五月九日にFBI長官を解任されたジェームズ・コミー氏の上院での公聴会証言が導火線となり、リチャード・ニクソン大統領を追い詰めた一九七二年のウォーターゲート事件の再来となるとの見方も流布している。しかし、どうやら先走り過ぎらしい。

その理由は、トランプ大統領の与党であり、連邦議会の上下両院で多数派を占《し》める共和党が、大統領弾劾《だんがい》に動くとは予想しづらいからだ。共和党支持者の約八割がトランプ大統領を支持しているとの世論調査の数値を踏まえれば、二〇一八年に中間選挙を控えた共和党議員たちは、あからさまな反トランプ行動をとれないだろう。それにトランプ大統領は、実業家時代の倒産危機しかり、選挙中に明らかになった女性に対するハラスメント問題しかり……さまざまなピンチに直面しても、逮捕・訴追《そつい》される状況に陥《おちい》ることなく、極めて巧妙に切り抜けている。

抜け目のないキャラクターから思い浮かぶのは、「トリックスター」という概念である。『広辞苑』(岩波書店)には「①詐欺師《さぎし》、ペテン師。②神話や民間伝承などで、社会の道徳・秩序を乱す一方、文化の活性化の役割を担うような存在」とあるが、元来は、文化人類学者による米国先住民の民話研究から命名された類型である。後に、心理学者のC・G・ユングが、人類に共通する普遍的無意識の象徴を「元型」と呼び、伝統的権威や権力者を風刺《ふうし》・冷《れい》笑《しょう》したり、狡知《こうち》や策略で人々を惑《まど》わすキャラクターを「トリックスター元型」と類型づけた（参照『続・元型論』林道義訳、紀伊國屋書店）。

こうした見立てを援用するならば、稀代《きたい》の「トリックスター」第四十五代合衆国大統領トランプという人物の出現は、米国社会の基底部に〈マグマ溜《だ》まり〉のように実在する混沌《こんとん》（カオス）が生み出したとも解釈できる。ゆえに、トランプ大統領に支持を寄せ続けている人々、「堅い」とされる支持層を形成する一人一人に肉薄《にくはく》しないかぎり、「トランプ時代のアメリカ」は理解しえない。そうした問題意識から、聖教新聞の連載企画で心掛けたのは、先入観や予断を排した客観・中立的な取材・出稿であった。

本書の第一章、光澤昭義記者リポートの第三回「ラストベルトの支持者」でも紹介されているが、錆《さ》びついた工業地帯「ラストベルト」出身のJ・D・ヴァンスの著書『ヒルビリー・エレジー（＝田舎者の哀歌《あいか》）』が、繁栄《はんえい》から取り残された白人たちの心象を活写《かっしゃ》し、全米百万部を超えるベストセラーになっている。同書は日本でも、トランプ現象を読み解くに資《し》すると注目され、邦訳版（光文社）も好評という。『ヒルビリー・エレジー』に倣《なら》い、俯瞰《ふかん》的な「鳥の眼」ならぬ、人々の息づかいに耳をすますような「虫の眼」の視点へのこだわりが、連載期間を通し念頭にあったことを併せて記したい。

もう一つ、見落としてはならない点は、トランプ現象の全世界的な連動性である。しばしば語られることだが、トランプ大統領の当選から遡《さかのぼ》ること四カ月余、昨年六月二十三日のＥＵ（欧州連合）離脱の是非を問う英国の国民投票で、予想外の離脱（BREXIT）となったこと。この「第一級の世界史的事件」が起きなければ、トランプ現象も、あれほどの勢いを得ることはなかったという仮説がある。

実際にトランプ陣営の選挙キャンペーンでは、ＥＵ離脱の急先鋒だった英国独立党（ＵＫＩＰ）のナイジェル・ファラージ党首が米国まで応援に駆け付けた。当選後にトランプ大統領がファラージ氏を「駐米英国大使に」と発言。これには、テリーザ・メイ英国首相が「他国の指示で大使を決めることはない」と不快感を示す一幕もあった。

その後、トランプ現象の波及力《はきゅうりょく》は、欧州におけるオーストリア大統領選挙（二〇一六年十二月四日）、オランダの総選挙（一七年三月十五日）で、右派ポピュリズム勢力の上《あ》げ潮《しお》を演出した。これらは注目すべきうねりではあったが、決定的な勝利には至らないまま、ＥＵの死命《しめい》を制すると目《もく》されたフランス大統領選挙（第一回投票四月二十三日、決選投票五月七日）へ。極右国民戦線のマリーヌ・ルペン候補の健闘があったものの、彗星《すいせい》のように現れた無所属で中道のエマニュエル・マクロン前経済相の大統領当選という結果を生んだ。

このフランス大統領選挙で鮮明となった対立軸は、左右（革新／保守）から上下（格差）への変化。すなわち、「グローバル化の『勝ち組』と『負け組』による対峙《たいじ》」であると、吉田徹・北海道大学教授は聖教新聞四月三十日付オピニオン欄で喝破《かっぱ》した。英国民投票でのＥＵ離脱から、米国のトランプ現象、そしてフランス大統領選挙におけるマクロン旋風《せんぷう》……。巨大な変化は、世界的に連動し、相互に波及し続けている。日本も決して例外国ではありえないだろう。

本書は、聖教新聞外信部編として今年一月に上梓《じょうし》した『揺れる欧州統合英国離脱の衝撃』に続く、第二弾となる出版である。「はじめに」で、光澤記者が吐露《とろ》しているように、トランプ現象を読み切れず、二〇一六年大統領選挙における彼の当選を予想できなかった〝深刻な反省〟から出発した半年余りの取り組みが本書の中核となっている。世界的な変動の象徴としてのトランプ大統領、そして「トランプ時代のアメリカ」を凝視《ぎょうし》することは、今後、ますます重要になると実感している。本書が、読者諸賢の思索の一助になるとすれば、望外《ぼうがい》の喜びである。

二〇一七年七月十四日、トランプ大統領がフランス革命記念日式典（パリ）出席のニュースが流れる、東京・千駄ケ谷の聖教新聞社編集総局のオフィスで

解題

慶應義塾大学ＳＦＣ教授・渡辺 靖

昨年の米大統領選挙の投開票日の一週間ほど前、私は共和党で世論調査分析を担当している知人に電話した。州ごとの情勢にも明るいプロ中のプロだ。その知人曰《いわ》く「今回の大統領選は諦《あきら》めたよ。まあ、議会は共和党が上下両院で多数派を維持できそうだから、それで吉としないとね」とのこと。さらに「むしろ今回の大統領選は落とした方が党のために良いと思う。トランプみたいな候補者では勝てないってことが分かるだろうし、党のエスタブリッシュメントの求心力が高まるから」と続けた。

プロ中のプロですら読めなかったのが今回の大統領選だった。投票結果から一目瞭然《いちもくりょうぜん》なのは、オバマ大統領を支えた若者・黒人・ヒスパニックといった層の「クリントン離れ」だ。かたやエスタブリッシュメントの一部が離反したものの、トランプ氏は逆に白人労働者層の動員に成功した。世論調査は人口動態のデータと過去の選挙の投票パターンを掛け合わせて加重平均を算出するが、「旋風《せんぷう》」や「熱狂」の類《たぐい》は予測しにくい。

今回の場合、獲得票数そのものはクリントン氏が上回ったが、ラストベルトに位置するペンシルベニア、ウィスコンシン、ミシガンといった州で番狂《ばんくる》わせがあり、獲得選挙人数でトランプ氏が上回った。これら三州でクリントン氏があと一%票を上積みできていれば、今頃、米史上初めて、女性がホワイトハウスの主になっていた。トランプ氏からすれば、かなり薄氷《はくひょう》の勝利だった。

＊　＊　＊

白人労働者層の実態については光澤昭義記者の現地ルポに詳しい。長年、民主党の支持基盤だったが、一九六〇年代以降、民主党が公民権運動に傾注《けいちゅう》するなか、共和党への鞍替《くらが》えが進んだ。八〇年の大統領選でレーガン大統領(共和党)への支持が鮮明になったことから「レーガン・デモクラット」の象徴となった。

しかし、その共和党は富裕層への税制優遇を進める一方、最低賃金引き下げ、社会保障削減、工場の海外移転など労働者にとっては必ずしも好意的ではなかった。挙げ句の果てには、労働力確保の名のもと、移民の受け入れ枠拡大も容認するようになった。いわば共和党に裏切られた格好となり、党内のエスタブリッシュメントへの不満と反発を強めていった。

それでも辛《かろ》うじて共和党に踏みとどまったのは「放漫《ほうまん》財政」「マイノリティー優遇」「道徳的退廃《たいはい》」「弱腰外交」の象徴とみなした「リベラル」=「民主党」への嫌悪感からだった。

民主党は論外。共和党エスタブリッシュメントももはや信用できない。そうした閉塞感《へいそく》に覆《おお》われる中、トランプ氏はまさに「救世主《きゅうせいしゅ》」だった。同氏は選挙期間中から「忘れられた人びと」という表現を繰り返した。米国社会の中で居場所を失い、犠牲者意識を強める白人労働者層の琴線《きんせん》に触れる言葉だ。「嘆《なげ》かわしい人びと」と侮蔑《ぶべつ》的な表現を用いたクリントン氏とは真逆《まぎゃく》だった。

＊　＊　＊

この点は三つの意味で重要だ。

まず、第一に、確かに、トランプ氏の言動には乱暴なものが目立ち、米国の民主主義の崩壊を印象付けられることも少なくない。しかし、それまで米国の政治に失望し、予備選などに足を運ばなかった層をもう一度、政治参加のプロセスの中に引き戻したことは、いわば米国の民主主義が健全に機能していることの証《あかし》とも言える。権威や権力を固着化（世襲化）しないことは、ヨーロッパ流の身分制社会の否定の上に成立した米国にとって特別な価値を持つ。

第二に、トランプ支持者とクリントン支持者では異なる米国を見ているという点だ。クリントン支持者にとってはトランプ氏は米国的な価値観の「破壊者」であり、トランプ支持者にとってはクリントン氏こそ「破壊者」に映る。光澤記者のルポを読んでも両者の米国認識が交わる気配はない。ほとんどパラレル・ワールドと言って良い。その断絶は民主党vs共和党といった党派対立より、一層深刻に思える。

第三に、そして、これが最も重要だが、トランプ氏にとってはこの白人労働者層からの支持が生命線だという点だ。巷《ちまた》ではトランプ氏の支持率の低さがしばしば報じられるが、選挙期間中から「四〇%」というラインは概《おおむ》ね維持されている。ロシアゲートがクローズアップされる現時点でも、共和党内では八割を超え、「トランプ旋風」の原動力となった白人労働者層では九割を超えている。これだけの高支持があると、一般の共和党議員は反トランプの旗を掲げることに及び腰になる。トランプ氏の逆鱗《げきりん》に触れ、次の選挙で刺客を送り込まれるかもしれないからだ。トランプ氏のコアな支持者も「裏切り者」に対して落選運動を展開するだろう。

もちろん、今後、スキャンダルや政策的な失策が重なれば、「トランプ離れ」は起こり得る。ロシアゲートで追い詰められ年内に辞任するのではと見る向きもある。しかし、本書の「あとがきにかえて」で野山智章・外信部長が指摘しているように、そうした希望的（？）観測をことごとく覆《くつがえ》してきたのがトランプ氏でもある。

むしろ自らを取り巻く政治状況が厳しくなるほど、より一層、「米国を（既成政治の象徴たる）ワシントンＤＣから取り戻す」「米国を（不公正な）グローバリズムから取り戻す」というアウトサイダー候補としての原点に回帰し、コアな支持者を固める戦略を採るのではと私は考えている。言い換えれば、民主党に歩み寄る可能性は極めて少ないということだ。

レーガン大統領は就任当初、しばしば「極右」と称されたが、野党・民主党の議員とも交流があり、ときに自らを笑いのネタにするなど、陽気で、楽天的でユーモアのセンスがあった。それがある種の包容力を醸《かも》し出していた。その点、トランプ氏には不機嫌なイメージがつきまとう。自分に対する批判や異論には十倍返しで反論し、自らの誤りや欠点を認めることはまずない。こうしたスタイルの違いが国民の融和《ゆうわ》を一層困難にしている。

＊　＊　＊

政権発足から半年が経ったが、ＴＰＰ（環太平洋経済連携《れんけい》協定）離脱や気候変動に関するパリ協定からの離脱、最高裁への保守派判事の指名などを除けば、選挙公約はさほど実現されていない。米国の建国の父たちの知恵ともいうべきか、合衆国憲法は連邦政府や大統領の権限の肥大化を警戒し、権力を州や裁判所、議会に分散させている。大統領の個人裁量の範囲はさほど広くない。

ただ、トランプ氏からすれば、公約の実現そのものはさして問題ではないのかもしれない。大統領令なども用いて実現を試《こころ》みたにもかかわらず、民主党、裁判所、主要メディア（ワシントン・ポスト紙やニューヨーク・タイムズ紙、三大ネットワーク、CNN、MSNBCなど）といった「インチキな輩《やから》」によって頓挫《とんざ》を余儀なくされたと主張する限り、少なくとも現時点では、コアな支持者はトランプ氏に理解を示しているようだ。

大統領上級顧問兼首席戦略官の職にある側近のスティーブ・バノン氏は、ウォール街、ロビイスト、政治家、シンクタンク、財団、主要メディアが米国政治を裏で操《あやつ》る「闇《やみ》の政府（deep state）」を形成しており、その「解体」を目指す自分は「レーニン主義者」であると豪語しているが、それはサイレント・マジョリティーである白人労働者層の世界観と重なる。「闇の政府」と闘い続ける姿勢そのものが大事なのである。

＊　＊　＊

とはいえ、それが極めて「内向き」な態度である点については、日米の識者が光澤記者のインタビューで述べている通りである。

国際政治における存在感（プレゼンス）は、「能力」と「意思」と「戦略」の掛け算で決まると言われている。

米国の場合、ハードパワー（軍事力、経済力）やソフトパワー（規範形成力）を個別に見た場合、防衛費、軍事技術、同盟国のネットワーク、基軸通貨としてのドル、GDP（国内総生産）、人口増加率、エネルギー資源、自給自足率、高等教育、シンクタンク、市民社会、イノベーション、多様性、大衆文化などにおいて、いまだに圧倒的な「能力」を有している。

しかし、政治的な「意思」となると、党派対立が凄まじく、近年は毎年のように債務上限引き上げをめぐり「政府閉鎖」が危惧《きぐ》される状況が続いている。加えて、トランプ政権の「米国第一主義」は、自由貿易、同盟関係、多国間枠組み、国際条約といった第二次世界大戦後の「リベラルな国際秩序」の牽引《けんいん》役の座から米国が自ら降りつつある印象を受ける。さらに言えば、民主主義、人権、法の支配、報道の自由といったリベラルな価値の重要性についてトランプ氏が語る場面はほぼ皆無である。

この点、「米国はもはや世界の警察官ではない」と同様に発言をしたオバマ大統領とは対照的だ。オバマ氏は「もはや米国のみで解決出来る世界の問題はない」という意味で述べたのだが、その一方で、TPPやパリ協定といった国際的な枠組みやルール作りには積極的だった。それが米国の国益、ひいては国際益につながるとの判断があったからだ。

それに対して、トランプ氏は国際的な枠組みやルール作りを米国にとっての「足かせ」と見なし、「米国第一主義」の名のもと、そこからの離脱を目指す。私個人は、それが米国の国益、ひいては国際益に資《し》するとは到底思えない。

加えて、トランプ政権では「戦略」形成を担う政府高官の人事も大幅に遅れている。米国では政権が交代すると四千人以上の政治任命職が入れ替わるが、うち上院での承認が必要なポストが約六百ある。現時点で、承認済みが約一割、指名すらされていないポストが八割もある。これは異常事態と言って良い。ホワイトハウス内部での権力闘争（身内系、共和党系、反エスタブリッシュメント系の対立）がその背景にあるとされるが、政策エリートの中にはトランプ政権への関与を辞退する者も少なくない。結果的に、政策や交渉をめぐる「戦略」も定まらず、相手国からすれば、カウンターパートが事実上、不在の状態が続くことになる。米国の外交・安全保障政策上、何ら良い話ではない。

このように「能力」はあれ、「意思」と「戦略」に欠ける米国は相対的にその存在感を低下させることになる。むしろ「能力」はそれほどではなくとも、「意思」と「戦略」が強い中国やロシア、ひいては北朝鮮の方が国際政治において存在感を強めている感すらある。

私たちが目《ま》の当たりにしているのは「パックス・アメリカーナ（米国による平和）」の時代の終わりの始まりなのだろうか。それは緩《ゆる》やかに進むのか、それともある時点から一気に加速するのか。あるいは「トランプ的なるもの」は、所詮《しょせん》、一時の「逸脱《いつだつ》」であって、米国の振り子はまた元に戻るのだろうか。

そのあたりを読み解くには政権発足から半年というスパンは、やや短すぎる気がする。否《いな》、それを判断するのは後世の歴史家の仕事かもしれない。

しかし、この半年、あるいは選挙戦終盤からの約一年に起きたことを想起し、今後のシナリオを想定するための視点を再確認しておくことには意義がある。

＊　＊　＊

その意味で光澤記者の手による本書は貴重である。ここには、同氏の米国における戸惑いと驚きと感動が書き留められている。煽動《せんどう》的なルポほど日本の出版界を席捲《せっけん》するなか、光澤記者は敢《あ》えて奇《き》を衒《てら》うことをせず、保守とリベラル、共和党と民主党、トランプ派とクリントン派のいずれにも肩入れすることなく、軽快なフットワークと抜群のバランス感覚に裏打ちされた、冷静な筆致《ひっち》でトランプ時代の米国の諸相を活写《かっしゃ》している。フェアで真摯《しんし》な取材姿勢に深い感銘を受けた。

普段、国際情勢を幅広くウオッチしている外信部の記者だけあって、逆に、私のような米国研究者には得難い視点や見解も散見される。私自身、予《かね》てから「米国だけを見ていては、米国はかえって見えなくなる」と学生に説いてきたが、今回の光澤記者の秀逸なルポは、私自身が米国研究者であるがゆえに陥《おちい》っている視野狭窄《きょうさく》に気付かせてくれた。

「あとがきにかえて」で野山部長がいみじくも指摘している「トリックスター」としてのトランプ氏。それがどこまで計算されたものなのか。どこまで演技し得るものなのか。そして、どこまで訴求力《そきゅうりょく》を持ち得るものなのか。

同氏の過激な言動に次第に慣れっこになりつつある世の中に一抹《いちまつ》の不安を覚える昨今、トランプ時代の米国は引き続き注視してゆく必要がある。光澤記者には是非、本書の続編を期待したい。

二〇一七年盛夏

2017年	2月13日	政権発足前にロシア当局者と対ロ制裁について協議したと疑われるマイケル・フリン大統領補佐官（国家安全保障担当）が辞任
	3月6日	イスラム圏7カ国からイラクを除くなどした、新たな入国禁止措置の大統領令に署名。連邦最高裁は6月26日、条件付きで部分的執行を認め、同月29日から運用が開始された
	4月6日	シリアのアサド政権が化学兵器を使用したとして、同国の軍事基地をミサイル攻撃
	5月9日	連邦捜査局（FBI）長官のジェームズ・コミーを解任。大統領選へのロシアの干渉疑惑をめぐるFBIの捜査の一部を抑え込もうとしたかが焦点となる中、議会証言が行われ注目された
	5月19日	初の外遊でサウジアラビア、イスラエル、パレスチナ自治区、バチカン、ベルギー、イタリアを歴訪。ローマ法王と会談し、主要7カ国首脳会議（G7サミット）に出席した
	7月7日	20カ国・地域（G20）首脳会議が開かれているドイツ・ハンブルクで、ロシアのプーチン大統領と初会談。30分程度を予定していた会談時間が約2時間15分に及んだことも話題に

ドナルド・トランプ、トニー・シュウォーツ著『トランプ自伝――不動産王にビジネスを学ぶ』(ちくま文庫)、ワシントン・ポスト取材班、マイケル・クラニッシュ、マーク・フィッシャー著『トランプ』（文藝春秋刊）などをもとに作成

1999年	10月	アメリカ改革党に入党。2000年大統領選挙への出馬を表明しメディアの注目を集めるが、党内対立を理由に撤退
2004年	1月	自身がホスト役として出演し、エグゼクティブ・プロデューサーを務めたNBCのリアリティ番組「アプレンティス」が放映開始(15年まで14シーズン)。「トランプ・オーガニゼーション」への採用を目指し、応募者から選ばれた参加者が「見習い」として働き、ホストが課した課題に挑戦する番組。最後にホストが全員を集め、勝者と敗者を発表する。ホストが脱落者に宣告する「君はクビだ!(You're Fired!)」との決めゼリフは流行語になった
2005年		メラニア・クナウスと再々婚。その後、三男バロンをもうける
2015年	6月16日	トランプタワーで、2016年大統領選挙への出馬を表明
2016年	5月3日	共和党予備選挙で他の主要候補が全員撤退し、候補指名を確実にする
	7月16日	インディアナ州知事のマイク・ペンスを副大統領候補に起用することを発表
	7月19日	オハイオ州での共和党全国大会で大統領候補に指名される
	11月8日	民主党候補のヒラリー・クリントンを破り、大統領選挙に勝利
2017年	1月20日	第45代アメリカ合衆国大統領に就任。医療保険制度改革(オバマケア)の見直しを支持する大統領令に署名
	1月23日	TPP(環太平洋経済連携協定)から離脱する大統領令に署名
	1月27日	イスラム圏7カ国からの入国を90日間禁じ、難民の受け入れを120日間一時的に停止する入国禁止措置の大統領令に署名。ワシントン州の連邦地方裁判所が大統領令の一時差し止めを命じ、連邦高裁もこれを支持した

【資料】トランプ大統領・略年表

1946年	6月14日	ニューヨークで生まれる
1964年	5月	ニューヨーク・ミリタリー・アカデミーを卒業。同年秋からフォーダム大学に通う
1966年	秋	ペンシルベニア大学ウォートン校に転入
1968年		ペンシルベニア大学を卒業。父フレッドの経営する不動産会社「トランプ・マネージメント」に入社
1971年		「トランプ・マネージメント」の社長に就任。25歳の若さで、ニューヨーク市に点在する1万4000戸のアパートの管理をすることに。社名を「トランプ・オーガニゼーション」に改名
1976年		コモドア・ホテルを買収。グランド・ハイアットとして刷新し、マンハッタンの都市開発業者としての第一歩をしるす。以後、80年代にかけて、トランプタワーやプラザホテルなど、ニューヨーク市で多数の不動産開発プロジェクトを手がけ、ニュージャージー州アトランティックシティではカジノも開業。若き不動産王として名乗りを上げる
1977年		イヴァナ・ゼルチコヴァと結婚(92年に離婚)。その後、長男ドナルド・トランプ・ジュニア、長女イヴァンカ、次男エリックの3子をもうける
1987年	11月	初の著書『トランプ自伝——不動産王にビジネスを学ぶ』を出版し、ミリオンセラーに
1990年		32億ドルの負債を抱え破産寸前に。銀行側との交渉で支払期限を延期し危機を回避
1993年		マーラ・メープルズと再婚(99年に離婚)。その後、次女ティファニーをもうける

トランプ時代《じだい》のアメリカを歩《ある》く

2017年9月8日　初版第1刷発行

編　者　聖教新聞《せいきょうしんぶん》 外信部《がいしんぶ》
発行者　大島光明
発行所　株式会社　第三文明社
東京都新宿区新宿1-23-5
郵便番号 160-0022
電話番号 03-5269-7144(営業代表)
03-5269-7145(注文専用)
03-5269-7154(編集代表)
振替口座 00150-3-117823
URL　http://www.daisanbunmei.co.jp

印刷・製本　藤原印刷株式会社

ISBN 978-4-476-03368-7